DER UNVERZICHTBARE LEITFADEN FÜR ASIATISCHES KOMFORTESSEN

100 herzerfrischende Aromen aus dem Herzen der asiatischen Wohlfühlküche

Annemarie Winkler

Urheberrechtliches Material ©2023

Alle Rechte vorbehalten

Kein Teil dieses Buches darf ohne die entsprechende schriftliche Zustimmung des Herausgebers und Urheberrechtsinhabers in irgendeiner Form oder auf irgendeine Weise verwendet oder übertragen werden, mit Ausnahme von kurzen Zitaten, die in einer Rezension verwendet werden. Dieses Buch sollte nicht als Ersatz für medizinische, rechtliche oder andere professionelle Beratung betrachtet werden.

INHALTSVERZEICHNIS _

INHALTSVERZEICHNIS 3
EINFÜHRUNG 6
KOREANISCHES WOHLFÜHLESSEN 7
   1. Hotteok mit Gemüse und Nudeln 8
   2. Eierbrot 11
   3. Scharfer und würziger Reiskuchen 13
   4. Koreanisch-amerikanische Meeresfrüchte-Pfannkuchen 15
   5. Veganes Bulgolgi-Sandwich 18
   6. Koreanischer Speck-Ei-Kuchen 20
   7. Koreanischer Curryreis 22
   8. Zebra-Eierrolle 24
   9. Koreanische Walnusskuchen vom Herd 26
   10. Straßen-Toast-Sandwich 28
   11. Frittiertes Gemüse 30
TAIWANESISCHES COMFORT-FOOD 33
   12. Taiwanesischer Fisch-Tempura 34
   13. Tamsui-Fischbällchen 36
   14. Stinkender Tofu 38
   15. Taiwanesische Fleischbällchen 40
   16. Taiwanesische Popcorn-Pilze 43
   17. Taiwanesisches Popcorn-Huhn 45
   18. Taro-Kugeln 47
   19. Frittierte Pilze 49
   20. Gegrillter Tintenfisch 51
   21. Taiwanesisches Schweinehackfleisch und eingelegte Gurken ... 53
   22. Taiwanesischer geschmorter Schweinereis 55
   23. Taiwanesischer Sesamöl-Hühnereintopf 57
   24. Taiwanesische Knödel 59
   25. Drei-Tassen-Hähnchen nach taiwanesischer Art 61
   26. Taiwaner Schweinekotelett 63
   27. Flammengegrillte Rindfleischwürfel 65
   28. Taiwanesische Schüssel mit geschmortem Schweinefleisch und Reis ... 67
   29. Taiwanesische Klebreiswurst 70
   30. Schweinefleisch-Jerky nach taiwanesischer Art 72
   31. Taiwanesischer Rollreis 74
JAPANISCHES COMFORT-FOOD 77
   32. Tofu in schwarzer Pfeffersauce 78
   33. Agedashi-Tofu 80
   34. Sesam-Shiso-Reis 82
   35. Japanischer Kartoffelsalat 84
   36. Natto 86

37. Nasu Dengaku 88
38. Ramen-Nudelpfanne mit Steak 90
39. Käsiges Ramen Carbonara 92
40. Ramen mit vier Zutaten 94
41. Ramen-Lasagne 96
42. Heiße Schweinekotelett-Ramen 98
43. Miso-Schweinefleisch und Ramen 100
44. Gebackenes Hühnchen-Katsu 103
45. Hayashi-Hackfleisch-Curry 105
46. Teriyaki-Hühnerfleisch 107
47. Japanische Lachsschüssel 109
48. Huhn im Topf/Mizutaki 111
49. Japanischer Ingwer-Wolfsbarsch 113
50. Japanisches schickes Teriyaki 115

INDISCHES WOHLFÜHLESSEN 117
51. Chicken Tikka Rice Bowl 118
52. Schüssel mit braunem Curry-Reis 120
53. Käsereisschüssel _ 122
54. Indische Hammel-Curry- Reisschüssel 124
55. Indische cremige Curry- Bowl 126
56. Indische Zitronenreisschale 128
57. Indische Blumenkohl-Buddha- Schüssel 130
58. Indische gegrillte Linsenschüssel 132

CHINESISCHES COMFORT-FOOD 134
59. chinesisches Huhn mit gebratenem Reis 135
60. Würzige Gemüseschüssel 138
61. Chinesische gemahlene Truthahnschale 140
62. Hackfleisch-Reisschüsseln 142
63. Knusprige Reisschüssel 144
64. Pikante Klebreisschale 146
65. Schüssel mit Hoisin-Rindfleisch 148
66. Reisschüssel mit Schweinefleisch und Ingwer 150
67. Vegane Poke Bowl mit Sesamsauce 152
68. Chili-Hähnchen- Reisschüssel 154
69. Tofu-Buddha- Schüssel 156
70. Dan Reisschüssel 158
71. Schüssel mit gemahlenem Hühnerreis 160
72. Zitronennudelschüssel _. 162
73. Hühnchen-Reisschüssel mit Knoblauch und Soja 164

VIETNAMESISCHES COMFORT-FOOD 166
74. Banh Mi Reisschüssel 167
75. Rindfleisch und knuspriger Reis 169
76. Hühnchen und Sirarcha- Reisschüssel 171

77. Zitronengras-Rindfleisch- Nudelschüssel 173
78. Glasierte Hühnchen- Reisschüssel 175
79. Knoblauchgarnelen-Fadennudeln 177
80. Hähnchenknödel- Nudelschüssel 179
81. Hühnchen-Reis -Schüssel 181
82. Würzige Rindfleisch- Reisschüssel 183
83. Karamellisierte Hühnerschüssel 185

THAI COMFORT FOOD 187
84. Thailändisches Erdnuss-Kokos-Blumenkohl-Kichererbsen-Curry 188
85. Gebratene Zucchini und Ei 190
86. Veggie Pad Thai 192
87. Kartoffelpüree mit Chile nach thailändischer Art 195
88. Spaghetti-Kürbis-Pad Thai 197
89. Gedämpfte Teigtaschen mit Shiitake-Pilzen 200
90. Thailändischer Tofu-Satay 203
91. Gebratene thailändische Nudeln mit Gemüse 206
92. Thailändische Reisnudeln mit Basilikum 209
93. gebratener Ananasreis 211
94. Thailändischer Kokosnussreis 214
95. Thailändischer gelber Reis 216
96. Gebratene Auberginen 219
97. Thailändisches gebratenes Gemüse 222
98. Gebratener thailändischer Spinat mit Knoblauch und Erdnüssen 224
99. Thailändische Sojabohnen in Kohlbechern 226
100. Thailändische gebackene Süßkartoffeln und Ube 228

ABSCHLUSS 230

EINFÜHRUNG

Willkommen beim „DER UNVERZICHTBARE LEITFADEN FÜR ASIATISCHES KOMFORTESSEN", Ihrem Leitfaden zu 100 herzerwärmenden Geschmacksrichtungen aus dem Herzen der asiatischen Komfortküche. Dieser Reiseführer ist eine Hommage an die reichen, beruhigenden und vielfältigen kulinarischen Traditionen, die die Wohlfühlspeisen Asiens ausmachen. Begleiten Sie uns auf einer Reise, die über das Gewohnte hinausgeht und Sie einlädt, die Wärme, Nostalgie und Freude zu entdecken, die mit jedem Gericht einhergeht.

Stellen Sie sich eine Küche vor, die von den verführerischen Düften köchelnder Brühen, duftenden Gewürzen und dem Brutzeln wohltuender Pfannengerichte erfüllt ist. „DER UNVERZICHTBARE LEITFADEN FÜR ASIATISCHES KOMFORTESSEN" ist mehr als nur eine Rezeptsammlung; Es ist eine Erkundung der Zutaten, Techniken und kulturellen Einflüsse, die die asiatische Komfortküche so zufriedenstellend machen. Ganz gleich, ob Sie asiatische Wurzeln haben oder einfach nur die Aromen der asiatischen Küche schätzen, diese Rezepte sollen Sie dazu inspirieren, herzerwärmende Geschmäcker zu kreieren, die der Seele Trost spenden.

Von klassischen Nudelsuppen bis hin zu gefühlvollen Reisgerichten und süßen Leckereien ist jedes Rezept eine Hommage an die wohltuenden Aromen und kulinarischen Techniken, die asiatische Hausmannskost ausmachen. Egal, ob Sie Trost in einer Schüssel Pho suchen, die Einfachheit von Congee genießen oder die Süße asiatisch inspirierter Desserts genießen möchten, dieser Leitfaden ist Ihre Anlaufstelle, um das gesamte Spektrum der asiatischen Wohlfühlküche zu erleben. Tauchen Sie mit uns in das Herz der asiatischen Hausmannskost ein, wo jede Kreation ein Beweis für die Wärme und Nostalgie ist, die diese seelenbefriedigenden Aromen auf den Tisch bringen. Ziehen Sie also Ihre Schürze an, genießen Sie die wohligen Aromen und begeben Sie sich auf eine geschmackvolle Reise durch „DER UNVERZICHTBARE LEITFADEN FÜR ASIATISCHES KOMFORTESSEN".

Koreanisches Wohlfühlessen

1. Hotteok mit Gemüse und Nudeln

ZUTATEN:
FÜR DEN TEIG
- 2 Teelöffel Trockenhefe
- 1 Tasse warmes Wasser
- ½ Teelöffel Salz
- 2 Tassen Allzweckmehl
- 2 Esslöffel Zucker
- 1 Esslöffel Pflanzenöl

FÜR DIE FÜLLUNG
- 1 Esslöffel Zucker
- 3 Unzen Süßkartoffelstärkenudeln
- ¼ Teelöffel gemahlener schwarzer Pfeffer
- 2 Esslöffel Sojasauce
- 3 Unzen asiatischer Schnittlauch, klein geschnitten
- 1 mittelgroße Zwiebel, klein gewürfelt
- 1 Teelöffel Sesamöl
- 3 Unzen Karotte, klein gewürfelt
- Öl für's Kochen

ANWEISUNGEN:

a) Für den Teig Zucker, Hefe und warmes Wasser in einer Schüssel vermischen, verrühren, bis die Hefe geschmolzen ist, nun 1 Esslöffel Pflanzenöl und Salz vermischen, gut vermischen.

b) Mehl einrühren und zu einem Teig verrühren, sobald der Teig glatt ist, 1 ¼ Stunden gehen lassen, dabei die Luft ausklopfen, abdecken und zur Seite stellen.

c) In der Zwischenzeit einen Topf Wasser zum Kochen bringen und die Nudeln kochen, dabei ab und zu umrühren und 6 Minuten mit geschlossenem Deckel kochen.

d) Sobald sie weich sind, unter kaltem Wasser abschrecken und dann abtropfen lassen.

e) Schneiden Sie sie mit einer Schere in ¼-Zoll-Stücke.

f) Geben Sie 1 Esslöffel Öl in eine große Pfanne oder einen Wok und braten Sie die Nudeln 1 Minute lang. Fügen Sie nun unter Rühren Zucker, Sojasauce und schwarzen Pfeffer hinzu.

g) Schnittlauch, Karotte und Zwiebel dazugeben und gut vermischen.
h) Wenn Sie fertig sind, nehmen Sie den Herd ab.
i) Geben Sie als nächstes 1 Esslöffel Öl in eine andere Pfanne und erhitzen Sie es. Sobald es heiß ist, reduzieren Sie die Hitze auf mittlere Stufe.
j) Fetten Sie Ihre Hand mit Öl ein, nehmen Sie eine halbe Tasse Teig und drücken Sie ihn in eine flache, runde Form.
k) Geben Sie nun etwas Füllung hinzu und falten Sie die Ränder zu einer Kugel zusammen, wobei Sie die Ränder verschließen.
l) Mit dem versiegelten Ende nach unten in die Pfanne geben, 30 Sekunden lang garen, dann umdrehen und zusammendrücken, sodass eine runde Form von etwa 10 cm entsteht. Dies geschieht mit einem Spatel.
m) Weitere 2-3 Minuten kochen, bis alles rundherum knusprig und goldbraun ist.
n) Auf Küchenpapier legen, um überschüssiges Fett zu entfernen, und mit dem restlichen Teig wiederholen.
o) Heiß servieren.

2.Eierbrot

ZUTATEN:
- 3 Esslöffel Zucker
- 1 Teelöffel Backpulver
- 1 Esslöffel ungesalzene Butter, geschmolzen
- ½ Tasse Allzweckmehl
- Eine Prise Salz
- ½ Teelöffel Vanilleextrakt
- 4 Eier
- 1 Stange Mozzarella-Käse, in 6 Stücke geschnitten
- ½ Tasse Milch
- 1 Teelöffel Speiseöl

ANWEISUNGEN:

a) Salz, Mehl, Zucker, Butter, Vanille, 1 Ei, Backpulver und Milch verrühren und zu einer glatten Masse verrühren

b) Heizen Sie den Herd auf 200 °C vor und fetten Sie drei kleine Kastenformen mit Öl ein. Die Formen sollten etwa 10 x 5 x 3,8 cm groß sein.

c) Gießen Sie den Teig gleichmäßig in die Formen und füllen Sie sie zur Hälfte.

d) Legen Sie zwei Käsestücke außen in die Mischung und lassen Sie die Mitte frei.

e) Als nächstes schlagen Sie 1 Ei in die Mitte jeder Dose.

f) Im Ofen auf der mittleren Schiene 13–15 Minuten garen, je nachdem, wie Sie das Ei zubereiten möchten.

g) Sobald es fertig ist, einnehmen und heiß servieren.

3.Scharfer und würziger Reiskuchen

ZUTATEN:
- 4 Tassen Wasser
- 6×8 Zoll großer getrockneter Seetang
- 1 Pfund zylinderförmiger Reiskuchen
- 7 große Sardellen, gereinigt
- ⅓ Tasse koreanisch-amerikanische Paprikapaste
- 3 Frühlingszwiebeln, in 7,6 cm lange Stücke geschnitten
- 1 Esslöffel Zucker
- ½ Pfund Fischfrikadellen
- 1 Esslöffel Peperoniflocken
- 2 hartgekochte Eier

ANWEISUNGEN:
a) Den Seetang und die Sardellen in einen flachen Topf mit Wasser geben, erhitzen und 15 Minuten ohne Deckel kochen lassen.
b) In einer kleinen Schüssel die Pfefferflocken vermischen und mit dem Zucker vermengen.
c) Nehmen Sie den Seetang und die Sardellen aus der Pfanne und geben Sie den Reiskuchen, die Pfeffermischung, die Frühlingszwiebeln, die Eier und die Fischfrikadellen hinein.
d) Die Brühe sollte etwa 2 ½ Tassen betragen.
e) Sobald es zu kochen beginnt, vorsichtig vermischen und 14 Minuten lang eindicken lassen. Jetzt sollte es glänzen.
f) Wenn der Reiskuchen noch nicht zart ist, noch etwas Wasser hinzufügen und etwas länger kochen lassen.
g) Sobald es fertig ist, den Herd ausschalten und servieren.

4. Koreanisch-amerikanische Meeresfrüchte-Pfannkuchen

ZUTATEN:
FÜR DIE PFANNKUCHEN
- 2 mittelgroße Eier
- 2 Tassen Pfannkuchenmischung, koreanisch-amerikanisch
- ½ Teelöffel Salz
- 1 ½ Tassen Wasser
- 2 Unzen Muscheln
- 12 mittelgroße Frühlingszwiebelwurzeln, geschnitten
- 2 Unzen Tintenfisch
- ¾ Tasse Pflanzenöl
- 2 Unzen Garnelen, gereinigt und entdarmt
- 4 mittelgroße Chilischoten, schräg geschnitten

FÜR DIE SOSSE
- 1 Esslöffel Essig
- 1 Esslöffel Sojasauce
- 4 mittelgroße Chilischoten, schräg geschnitten
- ¼ Teelöffel Knoblauch
- 1 Esslöffel Wasser

ANWEISUNGEN:

a) Etwas Salz in eine Schüssel mit Wasser geben, die Meeresfrüchte waschen, abtropfen lassen und beiseite stellen.
b) Anschließend Wasser, rote und grüne Chilis, Sojasauce, Knoblauch und Essig in einer separaten Schüssel vermischen und beiseite stellen.
c) In einer anderen Schüssel Eier, Pfannkuchenmischung, kaltes Wasser und Salz verrühren, bis eine cremige Masse entsteht.
d) Eine Pfanne leicht einfetten und erhitzen.
e) Verwenden Sie eine halbe Tasse und gießen Sie die Mischung in die heiße Pfanne.
f) Rühren Sie die Mischung um, um sie gleichmäßiger zu machen, legen Sie nun 6 Stück Frühlingszwiebeln darauf und fügen Sie die Chilis und Meeresfrüchte hinzu.
g) Drücken Sie das Essen leicht in den Pfannkuchen und geben Sie dann eine weitere halbe Tasse der Mischung darüber.
h) Etwa 5 Minuten kochen, bis der Boden goldbraun ist.
i) Drehen Sie nun den Pfannkuchen vorsichtig um, geben Sie am Rand etwas Öl hinzu und lassen Sie ihn weitere 5 Minuten backen.
j) Sobald Sie fertig sind, wenden Sie es zurück und nehmen Sie es aus der Pfanne.
k) Machen Sie dasselbe mit dem restlichen Teig.

5. Veganes Bulgolgi-Sandwich

ZUTATEN:
- ½ mittelgroße Zwiebel, in Scheiben geschnitten
- 4 kleine Hamburgerbrötchen
- 4 rote Salatblätter
- 2 Tassen Sojalocken
- 4 Scheiben veganer Käse
- Bio-Mayonnaise

FÜR DIE MARINADE
- 1 Esslöffel Sesamöl
- 2 Esslöffel Sojasauce
- 1 Teelöffel Sesamkörner
- 2 Esslöffel Agave oder Zucker
- ½ Teelöffel gemahlener schwarzer Pfeffer
- 2 Frühlingszwiebeln, gehackt
- ½ asiatische Birne, nach Belieben gewürfelt
- ½ Esslöffel Weißwein
- 1-2 grüne koreanisch-amerikanische Chilischoten, gewürfelt
- 2 Knoblauchzehen, zerdrückt

ANWEISUNGEN:

a) Machen Sie die Sojalocken gemäß den Anweisungen auf der Packung.

b) Als nächstes geben Sie die gesamten Zutaten hinein Für die Marinade in eine große Schüssel geben und zu einer Soße verrühren.

c) Durch leichtes Ausdrücken das Wasser aus den Sojalocken entfernen.

d) Die Locken mit der geschnittenen Zwiebel zur Marinademischung geben und rundherum bestreichen.

e) Geben Sie 1 Esslöffel Öl in die heiße Pfanne, fügen Sie dann die gesamte Mischung hinzu und braten Sie sie 5 Minuten lang, bis die Zwiebeln und Zwiebeln goldbraun sind und die Soße eindickt.

f) In der Zwischenzeit die Hamburgerbrötchen mit dem Käse auf dem Brot toasten.

g) Die Mayonnaise darauf verteilen, dann die Lockenmischung darauf verteilen und mit einem Salatblatt abschließen.

6.Koreanischer Speck-Ei-Kuchen

ZUTATEN:
FÜR DAS BROT
- ½ Tasse Milch
- ¾ Tasse selbstaufgehendes Mehl oder Mehrmehl mit ¼ Teelöffel Backpulver
- 4 Teelöffel Zucker
- 1 Ei
- 1 Teelöffel Butter oder Olivenöl
- ¼ Teelöffel Salz
- ¼ Teelöffel Vanilleessenz

FÜR DIE FÜLLUNG
- 1 Scheibe Speck
- Salz nach Geschmack
- 6 Eier

ANWEISUNGEN:
a) Heizen Sie den Herd auf 375 °F vor.
b) Mit einer Schüssel, ¼ Teelöffel Salz, Mehl und 4 Teelöffel Zucker vermischen.
c) Schlagen Sie das Ei in die Mischung und vermischen Sie es gut.
d) Gießen Sie die Milch langsam und in kleinen Mengen hinzu, bis sie dickflüssig wird.
e) Eine Backform einfetten, dann die Mehlmischung darüber verteilen und sechs Ovale daraus formen. Sie können auch Kuchenpapierförmchen verwenden.
f) Machen Sie beim Formen jeweils eine kleine Vertiefung und schlagen Sie ein Ei in jedes Loch oder auf jede Kuchenform.
g) Den Speck hacken und darüber streuen. Wenn Sie Petersilie zur Hand haben, fügen Sie auch etwas Petersilie hinzu.
h) 12-15 Minuten kochen lassen.
i) Herausnehmen und genießen.

7.Koreanischer Curryreis

ZUTATEN:
- 1 mittelgroße Karotte, geschält und gewürfelt
- 7 Unzen Rindfleisch, gewürfelt
- 2 Zwiebeln, gehackt
- 2 Kartoffeln, geschält und gewürfelt
- ½ Teelöffel Knoblauchpulver
- Nach Geschmack würzen
- 1 mittelgroße Zucchini, gewürfelt
- Pflanzenöl zum Kochen
- 4 Unzen Currysaucenmischung

ANWEISUNGEN:
a) Etwas Öl in einen Wok oder eine tiefe Pfanne geben und erhitzen.
b) Das Rindfleisch würzen, das Öl hineingeben, umrühren und 2 Minuten kochen lassen.
c) Anschließend Zwiebeln, Kartoffeln, Knoblauchpulver und Karotten dazugeben, weitere 5 Minuten braten, dann die Zucchini dazugeben.
d) Gießen Sie 3 Tassen Wasser hinein und erhitzen Sie es, bis es zu kochen beginnt.
e) Reduzieren Sie die Hitze und kochen Sie das Ganze 15 Minuten lang auf niedriger Stufe.
f) Geben Sie die Currymischung langsam hinzu, bis sie dickflüssig wird.
g) Über den Reis schöpfen und genießen.

8. Zebra-Eierrolle

ZUTATEN:
- ¼ Teelöffel Salz
- 3 Eier
- Öl für's Kochen
- 1 Esslöffel Milch
- 1 Blatt Algen

ANWEISUNGEN:
a) Brechen Sie das Seetangblatt in Stücke.
b) Nun die Eier in eine Schüssel geben und das Salz mit der Milch hinzufügen und verrühren.
c) Stellen Sie eine Pfanne auf den Herd und erhitzen Sie sie mit etwas Öl. Am besten ist eine beschichtete Pfanne.
d) Gießen Sie so viel Ei hinein, dass gerade der Boden der Pfanne bedeckt ist, und bestäuben Sie es dann mit den Algen.
e) Sobald das Ei halb gekocht ist, rollen Sie es auf und schieben Sie es an den Rand der Pfanne.
f) Anschließend bei Bedarf nachfetten und die Hitze anpassen, wenn es zu heiß ist. Eine weitere dünne Schicht Ei hineinlegen und erneut mit den Kernen bestäuben. Nun das erste Ei über die Backfläche rollen und auf die andere Seite der Pfanne legen.
g) Wiederholen Sie dies, bis das Ei fertig ist.
h) Auf ein Brett stürzen und in Scheiben schneiden.

9.Koreanische Walnusskuchen vom Herd

ZUTATEN:
- 1 Dose rote Azukibohnen
- 1 Tasse Pfannkuchenmischung oder Waffelmischung
- 1 Teelöffel Vanilleextrakt
- 1 Esslöffel Zucker
- 1 Packung Walnüsse

ANWEISUNGEN:

a) Bereiten Sie die Pfannkuchenmischung gemäß der Packungsanleitung zu mit dem zusätzlichen Zucker.

b) Sobald die Mischung fertig ist, in ein Gefäß mit Ausgießer geben.

c) Verwenden Sie 2 Kuchenformen, wenn Sie keine haben, können Sie auch Muffinformen verwenden, die Sie auf dem Herd auf niedriger Stufe erhitzen, damit sie bei hoher Hitze brennen.

d) Geben Sie die Mischung in die erste Dose, aber füllen Sie sie nur zur Hälfte.

e) Geben Sie schnell jeweils 1 Walnuss und 1 Teelöffel rote Bohnen hinzu und geben Sie den Rest der Mischung in die andere Dose.

f) Drehen Sie anschließend die erste Dose um und stellen Sie sie auf die zweite Dose. Richten Sie die Formen aus und lassen Sie sie weitere 30 Sekunden lang garen. Sobald die zweite Dose fertig ist, nehmen Sie sie vom Herd.

g) Nehmen Sie nun die obere Form ab und legen Sie die Kuchen auf die Servierplatte.

10.Straßen-Toast-Sandwich

ZUTATEN:
- ⅔ Tasse Kohl, in dünne Streifen schneiden
- 4 Scheiben Weißbrot
- 1 Esslöffel gesalzene Butter
- ⅛ Tasse Karotten, in dünne Streifen schneiden
- 2 Eier
- ¼ Teelöffel Zucker
- ½ Tasse Gurke, in dünne Scheiben geschnitten
- Ketchup nach Geschmack
- 1 Esslöffel Speiseöl
- Mayonnaise nach Geschmack
- ⅛ Teelöffel Salz

ANWEISUNGEN:
a) In einer großen Schüssel die Eier mit dem Salz aufschlagen, dann die Karotten und den Kohl dazugeben und vermischen.
b) Geben Sie das Öl in eine Pfanne mit tiefem Rand und erhitzen Sie es.
c) Geben Sie die Hälfte der Mischung in die Pfanne und formen Sie daraus zwei Laibformen, wobei Sie sie getrennt aufbewahren.
d) Geben Sie nun die restliche Eiermischung über die beiden Eier in die Pfanne, sodass eine gute Form entsteht.
e) 2 Minuten kochen lassen, dann umdrehen und weitere 2 Minuten kochen lassen.
f) Lösen Sie die Hälfte der Butter in einer separaten Pfanne auf, legen Sie, sobald sie heiß ist, zwei der Brotscheiben hinein und drehen Sie sie um, sodass beide Seiten die Butter aufsaugen. Kochen Sie das Ganze etwa 3 Minuten lang weiter, bis es auf beiden Seiten goldbraun ist.
g) Wiederholen Sie den Vorgang mit den anderen 2 Scheiben.
h) Nach dem Garen auf die Servierplatten legen und jeweils die Hälfte des Zuckers hinzufügen.
i) Nehmen Sie die Spiegeleimischung und legen Sie sie auf das Brot.
j) Die Gurke dazugeben und mit Ketchup und Mayonnaise beträufeln.
k) Legen Sie die andere Brotscheibe darüber und schneiden Sie sie in zwei Teile.

11. Frittiertes Gemüse

ZUTATEN:
- 1 frische rote Chilischote, von oben nach unten halbiert
- 1 große Karotte schälen und in ⅛ Stäbchen schneiden
- 2 Bund Enoki-Pilze, getrennt
- 1 Zucchini, in ⅛ Stäbchen geschnitten
- 4 Frühlingszwiebeln, in 5 cm lange Stücke geschnitten
- 6 Knoblauchzehen, in dünne Scheiben geschnitten
- 1 mittelgroße Süßkartoffel, in Stäbchen geschnitten
- 1 mittelgroße Kartoffel, in Stäbchen geschnitten
- Pflanzenöl zum Braten

FÜR DEN TEIG
- ¼ Tasse Maisstärke
- 1 Tasse Allzweckmehl
- 1 Ei
- ¼ Tasse Reismehl
- 1 ½ Tassen eiskaltes Wasser
- ½ Teelöffel Salz

FÜR DIE SOSSE
- 1 Knoblauchzehe
- ½ Tasse Sojasauce
- 1 Frühlingszwiebel
- ½ Teelöffel Reisessig
- ¼ Teelöffel Sesamöl
- 1 Teelöffel brauner Zucker

ANWEISUNGEN:
a) Stellen Sie einen Topf mit Wasser zum Kochen.
b) Die Karotten und beide Kartoffelsorten ins Wasser geben, vom Herd nehmen und 4 Minuten ruhen lassen, dann aus dem Wasser nehmen, abspülen, abtropfen lassen und mit Küchenpapier trocknen.
c) Frühlingszwiebeln, Zucchini, Knoblauch und rote Paprika in eine Schüssel geben und gut vermischen.
d) Für den Teig alle trockenen Zutaten vermischen .
e) Nun das Wasser und die Eier verrühren, dann zu den trockenen Zutaten geben und gut zu einem Teig verrühren.

f) Als nächstes bereiten Sie die Sauce zu, indem Sie Zucker, Essig, Soja und Sesamöl verrühren.
g) Die Frühlingszwiebel und den Knoblauch fein würfeln und dann unter die Sojamischung rühren.
h) Geben Sie ausreichend Öl in einen Wok oder eine tiefe Pfanne. Das Öl sollte etwa 7,5 cm tief sein.
i) Sobald das Öl heiß ist, geben Sie das Gemüse durch den Teig, lassen Sie den Überschuss abtropfen und braten Sie es dann 4 Minuten lang.
j) Abtropfen lassen und auf Küchenpapier trocknen, wenn es fertig ist.
k) Mit der Soße servieren.

TAIWANESISCHES COMFORT-FOOD

12.Taiwanesischer Fisch-Tempura

ZUTATEN:
- 1 Pfund weiße Fischfilets, in mundgerechte Stücke geschnitten
- 1 Tasse Allzweckmehl
- ¼ Tasse Maisstärke
- ½ Teelöffel Backpulver
- 1 Teelöffel Salz
- 1 Tasse eiskaltes Wasser
- Pflanzenöl zum Braten
- Zitronenspalten (zum Servieren)

ANWEISUNGEN:
a) In einer Rührschüssel Allzweckmehl, Maisstärke, Backpulver und Salz vermischen.
b) Nach und nach das eiskalte Wasser zur Mehlmischung geben und verrühren, bis der Teig glatt und klumpenfrei ist.
c) Pflanzenöl in einer Fritteuse oder einem großen Topf auf etwa 175 °C erhitzen.
d) Tauchen Sie die Fischstücke in den Teig und achten Sie darauf, dass sie gut bedeckt sind.
e) Legen Sie den panierten Fisch vorsichtig in das heiße Öl und braten Sie ihn goldbraun und knusprig.
f) Den Fisch aus dem Öl nehmen und auf Küchenpapier abtropfen lassen.
g) Servieren Sie den taiwanesischen Fisch-Tempura heiß, zusammen mit Zitronenschnitzen zum Auspressen über den Fisch.

13.Tamsui-Fischbällchen

ZUTATEN:
- 1 Pfund weiße Fischfilets (z. B. Kabeljau oder Seezunge)
- ¼ Tasse Tapiokastärke oder Maisstärke
- 2 Esslöffel Fischpaste
- 1 Esslöffel gehackter Knoblauch
- 1 Esslöffel Sojasauce
- 1 Teelöffel Sesamöl
- ½ Teelöffel weißer Pfeffer
- ¼ Teelöffel Salz
- 4 Tassen Hühnerbrühe oder Wasser

ANWEISUNGEN:
a) Die Fischfilets in einer Küchenmaschine zerkleinern, bis sie fein zerkleinert sind.
b) In einer Rührschüssel gehackten Fisch, Tapiokastärke oder Maisstärke, Fischpaste, gehackten Knoblauch, Sojasauce, Sesamöl, weißen Pfeffer und Salz vermischen. Gut vermischen, bis eine glatte Masse entsteht.
c) Befeuchten Sie Ihre Hände mit Wasser und formen Sie aus der Fischmischung kleine Kugeln.
d) Hühnerbrühe oder Wasser in einem Topf zum Kochen bringen.
e) Geben Sie die Fischbällchen in die kochende Brühe und kochen Sie sie, bis sie an der Oberfläche schwimmen, was anzeigt, dass sie gar sind.
f) Nehmen Sie die Fischbällchen mit einem Schaumlöffel aus der Brühe und servieren Sie sie in einer Schüssel mit Ihrer bevorzugten Dip-Sauce.

14.Stinkender Tofu

ZUTATEN:
- 1 Block fester Tofu
- 2 Esslöffel chinesische fermentierte schwarze Bohnen
- 2 Knoblauchzehen, gehackt
- 1 Esslöffel Sojasauce
- 1 Esslöffel Reisessig
- 1 Esslöffel Chilisauce (optional)
- Pflanzenöl zum Braten
- Eingelegter Kohl oder Kimchi (optional)

ANWEISUNGEN:
a) Den Tofu in mundgerechte Würfel schneiden.
b) In einer kleinen Schüssel die fermentierten schwarzen Bohnen mit einer Gabel zerdrücken.
c) Zum Braten Pflanzenöl in einer tiefen Pfanne oder einem Wok erhitzen.
d) Die Tofuwürfel im heißen Öl anbraten, bis sie außen goldbraun und knusprig werden. Herausnehmen und auf einem mit Küchenpapier ausgelegten Teller abtropfen lassen.
e) In einer separaten Pfanne etwas Pflanzenöl erhitzen und den gehackten Knoblauch anbraten, bis er duftet.
f) Geben Sie die zerdrückten fermentierten schwarzen Bohnen, Sojasauce, Reisessig und Chilisauce (falls verwendet) in die Pfanne. Ein bis zwei Minuten kochen lassen, um die Aromen zu vereinen.
g) Legen Sie die gebratenen Tofuwürfel in eine Servierschüssel und gießen Sie die schwarze Bohnensauce darüber.
h) Servieren Sie den stinkenden Tofu heiß, wahlweise mit eingelegtem Kohl oder Kimchi.

15.Taiwanesische Fleischbällchen

ZUTATEN:
FÜR DIE FÜLLUNG:
- 1 Pfund Schweinehackfleisch
- ½ Pfund Garnelen, geschält und gehackt
- ½ Tasse Bambussprossen, fein gehackt
- ¼ Tasse getrocknete Shiitake-Pilze, eingeweicht und fein gehackt
- 2 Esslöffel Sojasauce
- 2 Esslöffel Austernsauce
- 1 Esslöffel Zucker
- 1 Esslöffel Maisstärke
- 1 Teelöffel Sesamöl
- Salz und Pfeffer nach Geschmack

FÜR DIE VERPACKUNG:
- 2 Tassen Klebreismehl
- 1 Tasse Wasser
- ½ Teelöffel Salz

FÜR DIE SOSSE:
- ¼ Tasse Sojasauce
- ¼ Tasse Reisessig
- 1 Esslöffel Zucker
- 1 Esslöffel Maisstärke
- ½ Tasse Wasser

ANWEISUNGEN:
a) In einer Rührschüssel alle Zutaten für die Füllung vermischen und gut vermischen.
b) Mischen Sie in einer separaten Schüssel das Klebreismehl, Wasser und Salz, um den Wrapper-Teig herzustellen. Alles glatt kneten.
c) Nehmen Sie eine kleine Portion Teig und drücken Sie ihn in Ihrer Handfläche flach. Geben Sie einen Löffel der Füllung in die Mitte und fassen Sie die Ränder zusammen, um sie zu verschließen und eine Kugel zu formen.
d) Den Vorgang mit dem restlichen Teig und der restlichen Füllung wiederholen.

e) Die Fleischbällchen im Dampfgarer etwa 25–30 Minuten dämpfen, bis sie gar sind.
f) Während die Fleischbällchen dampfen, bereiten Sie die Soße zu. In einem Topf Sojasauce, Reisessig, Zucker, Maisstärke und Wasser vermischen. Gut umrühren und bei mittlerer Hitze kochen, bis die Sauce eindickt.
g) Sobald die Fleischbällchen gar sind, nehmen Sie sie aus dem Dampfgarer und servieren Sie sie heiß mit der Sauce.

16.Taiwanesische Popcorn-Pilze

ZUTATEN:
- 1 Pfund frische Champignons, gereinigt und halbiert
- ½ Tasse Allzweckmehl
- ½ Tasse Maisstärke
- 1 Teelöffel Backpulver
- ½ Teelöffel Salz
- ¼ Teelöffel schwarzer Pfeffer
- 1 Tasse kaltes Wasser
- Pflanzenöl zum Braten
- Salz zum Bestreuen (optional)

ANWEISUNGEN:
a) In einer Schüssel Allzweckmehl, Maisstärke, Backpulver, Salz und schwarzen Pfeffer vermischen.
b) Nach und nach das kalte Wasser zur Mehlmischung geben und verrühren, bis ein glatter Teig entsteht.
c) Zum Braten Pflanzenöl in einer tiefen Pfanne oder einem Wok erhitzen.
d) Die halbierten Champignons in den Teig tauchen und gleichmäßig damit bestreichen.
e) Die panierten Champignons vorsichtig in das heiße Öl geben und braten, bis sie goldbraun und knusprig sind.
f) Die Pilze mit einem Schaumlöffel oder einer Zange aus dem Öl nehmen und auf einem mit Küchenpapier ausgelegten Teller abtropfen lassen.
g) Noch heiß mit Salz bestreuen (optional).
h) Servieren Sie die taiwanesischen Popcorn-Pilze als köstlichen Streetfood-Snack.

17. Taiwanesisches Popcorn-Huhn

ZUTATEN:
- 1 Pfund Hähnchenschenkel ohne Knochen, in mundgerechte Stücke geschnitten
- 2 Esslöffel Sojasauce
- 1 Esslöffel Shaoxing-Wein (optional)
- 1 Esslöffel Fünf-Gewürze-Pulver
- 1 Esslöffel Knoblauchpulver
- 1 Esslöffel Zwiebelpulver
- 1 Teelöffel Paprika
- ½ Teelöffel weißer Pfeffer
- ½ Teelöffel Salz
- 1 Tasse Kartoffelstärke oder Maisstärke
- Pflanzenöl zum Braten

ANWEISUNGEN:
a) Marinieren Sie die Hähnchenstücke in einer Schüssel mit Sojasauce, Shaoxing-Wein (falls verwendet), Fünf-Gewürze-Pulver, Knoblauchpulver, Zwiebelpulver, Paprika, weißem Pfeffer und Salz. Gut vermischen und mindestens 30 Minuten marinieren lassen.
b) Zum Braten Pflanzenöl in einer tiefen Pfanne oder einem Topf erhitzen.
c) Bestreichen Sie die marinierten Hähnchenstücke mit Kartoffelstärke oder Maisstärke und schütteln Sie den Überschuss ab.
d) Die panierten Hähnchenstücke vorsichtig in das heiße Öl geben und braten, bis sie goldbraun und knusprig sind.
e) Nehmen Sie das Hähnchen mit einem Schaumlöffel aus dem Öl und lassen Sie es auf einem mit Küchenpapier ausgelegten Teller abtropfen.
f) Servieren Sie das Yan Su Ji / Kiâm-Soʼ-Ke heiß als beliebten taiwanesischen Streetfood-Snack.

18.Taro-Kugeln

ZUTATEN:
- 2 Tassen Taro, geschält und gewürfelt
- ½ Tasse Klebreismehl
- ¼ Tasse Zucker
- Wasser (nach Bedarf)
- Tapiokastärke oder Kartoffelstärke (zum Bestäuben)

ANWEISUNGEN:
a) Die Tarowürfel dämpfen, bis sie weich sind und sich leicht mit einer Gabel zerdrücken lassen.
b) Den gedünsteten Taro pürieren, bis eine glatte Masse entsteht.
c) In einer Rührschüssel das zerdrückte Taro, Klebreismehl und Zucker vermischen. Gut mischen.
d) Fügen Sie nach und nach Wasser hinzu und kneten Sie die Mischung, bis ein weicher Teig entsteht. Die Konsistenz sollte einer Knetmasse ähneln.
e) Schneiden Sie kleine Teigstücke ab und rollen Sie diese zu kleinen Kugeln.
f) Bringen Sie einen Topf Wasser zum Kochen.
g) Lassen Sie die Taro-Kugeln vorsichtig in das kochende Wasser fallen und kochen Sie sie, bis sie an der Oberfläche schwimmen.
h) Nehmen Sie die gekochten Taro-Kugeln aus dem Wasser und geben Sie sie zum Abkühlen und Festwerden in eine Schüssel mit kaltem Wasser.
i) Lassen Sie die Taro-Kugeln abtropfen und bestäuben Sie sie mit Tapiokastärke oder Kartoffelstärke, um ein Anhaften zu verhindern.
j) Servieren Sie die Taro-Kugeln als Belag für Desserts, zum Beispiel geraspeltes Eis oder süße Suppen.

19. Frittierte Pilze

ZUTATEN:
- 1 Pfund frische Champignons, gereinigt und in Scheiben geschnitten
- ½ Tasse Allzweckmehl
- ½ Tasse Maisstärke
- 1 Teelöffel Backpulver
- ½ Teelöffel Salz
- ¼ Teelöffel schwarzer Pfeffer
- 1 Tasse kaltes Wasser
- Pflanzenöl zum Braten
- Salz zum Bestreuen (optional)

ANWEISUNGEN:
a) In einer Schüssel Allzweckmehl, Maisstärke, Backpulver, Salz und schwarzen Pfeffer vermischen.
b) Nach und nach das kalte Wasser zur Mehlmischung geben und verrühren, bis ein glatter Teig entsteht.
c) Zum Braten Pflanzenöl in einer tiefen Pfanne oder einem Wok erhitzen.
d) Die geschnittenen Pilze in den Teig tauchen und gleichmäßig damit bestreichen.
e) Die panierten Champignons vorsichtig in das heiße Öl geben und braten, bis sie goldbraun und knusprig sind.
f) Die gebratenen Pilze mit einem Schaumlöffel oder einer Zange aus dem Öl nehmen und auf einem mit Küchenpapier ausgelegten Teller abtropfen lassen.
g) Noch heiß mit Salz bestreuen (optional).
h) Servieren Sie die gebratenen Pilze als leckeren Streetfood-Snack.

20.Gegrillter Tintenfisch

ZUTATEN:
- 2 mittelgroße Tintenfische, gereinigt und ausgenommen
- 2 Esslöffel Sojasauce
- 2 Esslöffel Austernsauce
- 2 Esslöffel Honig
- 1 Esslöffel Sesamöl
- 1 Esslöffel gehackter Knoblauch
- 1 Teelöffel Chilipulver (optional)
- Salz und Pfeffer nach Geschmack
- Holzspieße

ANWEISUNGEN:
a) Einen Grill oder eine Grillpfanne bei mittlerer bis hoher Hitze vorheizen.
b) Den Tintenfisch auf beiden Seiten kreuzweise einschneiden.
c) In einer Schüssel Sojasauce, Austernsauce, Honig, Sesamöl, gehackten Knoblauch, Chilipulver (falls verwendet), Salz und Pfeffer zu einer Marinade vermischen.
d) Den Tintenfisch mit der Marinade bestreichen und darauf achten, dass er gut bedeckt ist.
e) Den Tintenfisch auf Holzspieße stecken und dabei den Körper und die Tentakel durchstechen.
f) Den Tintenfisch auf jeder Seite etwa 3-4 Minuten grillen, bis er gar ist und Grillspuren aufweist.
g) Nehmen Sie den Tintenfisch vom Grill und lassen Sie ihn vor dem Servieren einige Minuten ruhen.
h) Den gegrillten Tintenfisch in kleinere Stücke schneiden und heiß servieren.

21. Taiwanesisches Schweinehackfleisch und eingelegte Gurken

ZUTATEN:
- 1 Pfund (450 g) Schweinehackfleisch
- 1 Tasse eingelegte Gurken, in dünne Scheiben geschnitten
- 2 Esslöffel Sojasauce
- 1 Esslöffel Hoisinsauce
- 1 Esslöffel Reisessig
- 1 Esslöffel Sesamöl
- 2 Knoblauchzehen, gehackt
- 1 Teelöffel Ingwer, gehackt
- ½ Teelöffel Zucker
- ¼ Teelöffel schwarzer Pfeffer
- Pflanzenöl zum Kochen
- Frühlingszwiebeln, gehackt (zum Garnieren)

ANWEISUNGEN:
a) In einer kleinen Schüssel Sojasauce, Hoisinsauce, Reisessig, Sesamöl, gehackten Knoblauch, gehackten Ingwer, Zucker und schwarzen Pfeffer vermischen. Beiseite legen.
b) Pflanzenöl in einer großen Pfanne oder einem Wok bei mittlerer bis hoher Hitze erhitzen.
c) Geben Sie das Schweinehackfleisch in die Pfanne und kochen Sie es, bis es braun und durchgegart ist.
d) Die in Scheiben geschnittenen eingelegten Gurken in die Pfanne geben und etwa 2 Minuten lang anbraten.
e) Gießen Sie die Saucenmischung über das Schweinefleisch und die Gurken. Zum Kombinieren gut umrühren.
f) Weitere 2-3 Minuten kochen, bis sich die Aromen gut vermischt haben.
g) Mit gehackten Frühlingszwiebeln garnieren.
h) Servieren Sie das taiwanesische Schweinehackfleisch und die eingelegten Gurken heiß mit gedünstetem Reis.

22. Taiwanesischer geschmorter Schweinereis

ZUTATEN:
- 1 Pfund Schweinebauch, in dünne Scheiben geschnitten
- ¼ Tasse Sojasauce
- ¼ Tasse dunkle Sojasauce
- ¼ Tasse Reiswein
- 2 Esslöffel Zucker
- 2 Knoblauchzehen, gehackt
- 2 Sternanis
- 1 Zimtstange
- 1 Tasse Wasser
- 4 Tassen gekochter Jasminreis
- Hartgekochte Eier (optional)
- Eingelegtes Senfgrün (optional)
- Gehackte Frühlingszwiebeln (zum Garnieren)

ANWEISUNGEN:
a) In einer Pfanne die Schweinebauchscheiben anbraten, bis sie außen knusprig sind. Herausnehmen und beiseite stellen.
b) In derselben Pfanne den gehackten Knoblauch hinzufügen und anbraten, bis er duftet.
c) Sojasauce, dunkle Sojasauce, Reiswein, Zucker, Sternanis, Zimtstange und Wasser in die Pfanne geben. Zum Kombinieren umrühren.
d) Geben Sie die gebräunten Schweinebauchscheiben wieder in die Pfanne und lassen Sie die Mischung köcheln.
e) Decken Sie die Pfanne ab und lassen Sie das Schweinefleisch in der Soße etwa 1–2 Stunden köcheln, bis es weich und die Soße eingedickt ist.
f) Zum Servieren eine Kugel gekochten Jasminreis in eine Schüssel oder einen Teller geben.
g) Den Reis mit geschmorten Schweinebauchscheiben belegen und etwas Soße darüber geben.
h) Mit gehackten Frühlingszwiebeln garnieren.
i) Servieren Sie den Lu Rou Fan heiß und Sie können ihn auch mit hartgekochten Eiern und eingelegtem Senfgrün belegen.

23. Taiwanesischer Sesamöl-Hühnereintopf

ZUTATEN:
- 2 Pfund Hähnchenstücke (mit Knochen und Haut)
- 3 Esslöffel Sesamöl
- 3 Esslöffel Sojasauce
- 3 Esslöffel Reiswein
- 1 Esslöffel Zucker
- 3 Knoblauchzehen, gehackt
- 1-Zoll-Stück Ingwer, in Scheiben geschnitten
- 2 Tassen Hühnerbrühe
- 1 Esslöffel Maisstärke (optional, zum Andicken)
- Frühlingszwiebeln, gehackt (zum Garnieren)

ANWEISUNGEN:
a) Das Sesamöl in einem großen Topf oder Schmortopf bei mittlerer Hitze erhitzen.
b) Den gehackten Knoblauch und den geschnittenen Ingwer hinzufügen. Etwa 1 Minute lang unter Rühren braten, bis es duftet.
c) Die Hähnchenstücke in den Topf geben und von allen Seiten anbraten.
d) In einer kleinen Schüssel Sojasauce, Reiswein und Zucker vermischen. Gießen Sie diese Mischung über das Huhn.
e) Die Hühnerbrühe in den Topf geben, abdecken und etwa 30–40 Minuten köcheln lassen, bis das Huhn gar und zart ist.
f) Bei Bedarf die Maisstärke mit etwas Wasser zu einem Brei verrühren und zum Eintopf geben, um die Soße anzudicken. Zum Kombinieren gut umrühren.
g) Servieren Sie den Sesamöl-Hühnereintopf heiß, garniert mit gehackten Frühlingszwiebeln und mit gedünstetem Reis.

24.Taiwanesische Knödel

ZUTATEN:
- 1 Packung Knödelpapier
- ½ Pfund Schweinehackfleisch
- ½ Tasse Chinakohl, fein gehackt
- ¼ Tasse Frühlingszwiebeln, fein gehackt
- 1 Esslöffel Ingwer, gehackt
- 2 Esslöffel Sojasauce
- 1 Esslöffel Sesamöl
- 1 Teelöffel Zucker
- ½ Teelöffel Salz
- ¼ Teelöffel schwarzer Pfeffer

ANWEISUNGEN:
a) In einer Rührschüssel Schweinehackfleisch, Chinakohl, Frühlingszwiebeln, Ingwer, Sojasauce, Sesamöl, Zucker, Salz und schwarzen Pfeffer vermischen. Gut vermischen, bis alle Zutaten gleichmäßig eingearbeitet sind.
b) Nehmen Sie eine Knödelhülle und geben Sie einen Löffel der Schweinefleischfüllung in die Mitte.
c) Tauchen Sie Ihren Finger in Wasser und befeuchten Sie die Ränder der Hülle.
d) Falten Sie die Verpackung in der Mitte und drücken Sie die Ränder zusammen, um sie zu verschließen, sodass eine Halbmondform entsteht.
e) Wiederholen Sie den Vorgang mit den restlichen Knödelhüllen und der Füllung.
f) Bringen Sie einen großen Topf Wasser zum Kochen. Die Knödel in das kochende Wasser geben und etwa 5-7 Minuten kochen, bis sie an der Oberfläche schwimmen.
g) Die Knödel abtropfen lassen und heiß mit Sojasauce oder Ihrer Lieblings-Dip-Sauce servieren.

25. Drei-Tassen-Hähnchen nach taiwanesischer Art

ZUTATEN:
- 1 Pfund (450 g) Hähnchen, in mundgerechte Stücke geschnitten
- ¼ Tasse Sesamöl
- ¼ Tasse Sojasauce
- ¼ Tasse Reiswein
- 1 Esslöffel Zucker
- 5 Knoblauchzehen, gehackt
- 1-Zoll-Stück Ingwer, gehackt
- 2 Esslöffel frische Basilikumblätter

ANWEISUNGEN:
a) Das Sesamöl in einem Wok oder einer großen Pfanne bei mittlerer Hitze erhitzen.
b) Den gehackten Knoblauch und den Ingwer dazugeben und etwa 1 Minute lang anbraten, bis ein angenehmer Duft entsteht.
c) Die Hähnchenstücke in den Wok geben und anbraten, bis sie von allen Seiten gebräunt sind.
d) In einer kleinen Schüssel Sojasauce, Reiswein und Zucker vermischen. Gießen Sie diese Mischung über das Huhn.
e) Reduzieren Sie die Hitze auf eine niedrige Stufe und lassen Sie das Hähnchen etwa 20–25 Minuten köcheln, bis die Sauce eingedickt und das Hähnchen gar ist.
f) Die frischen Basilikumblätter dazugeben und gut verrühren.

26.Taiwaner Schweinekotelett

ZUTATEN:
- 4 Schweinekoteletts
- 2 Esslöffel Sojasauce
- 2 Esslöffel Reiswein
- 1 Esslöffel Zucker
- 2 Knoblauchzehen, gehackt
- ½ Teelöffel Fünf-Gewürze-Pulver
- Salz und Pfeffer nach Geschmack
- Pflanzenöl zum Braten

ANWEISUNGEN:
a) In einer Schüssel Sojasauce, Reiswein, Zucker, gehackten Knoblauch, Fünf-Gewürze-Pulver, Salz und Pfeffer vermischen. Gut vermischen, um die Marinade herzustellen.
b) Legen Sie die Schweinekoteletts in eine flache Schüssel und gießen Sie die Marinade darüber. Stellen Sie sicher, dass alle Seiten der Schweinekoteletts bedeckt sind. Lassen Sie sie mindestens 30 Minuten lang marinieren.
c) Pflanzenöl in einer Bratpfanne oder Pfanne bei mittlerer bis hoher Hitze erhitzen.
d) Die marinierten Schweinekoteletts auf jeder Seite etwa 3-4 Minuten braten, bis sie goldbraun und durchgegart sind.
e) Die Schweinekoteletts aus der Pfanne nehmen und auf einen Servierteller legen.
f) Servieren Sie die taiwanesischen Schweinekoteletts heiß mit gedünstetem Reis oder als Füllung in einem Sandwich nach taiwanesischer Art.

27. Flammengegrillte Rindfleischwürfel

ZUTATEN:
- 1 Pfund Rinderfilet oder Ribeye-Steak, in 2,5 cm große Würfel geschnitten
- 2 Esslöffel Sojasauce
- 2 Esslöffel Austernsauce
- 2 Esslöffel Honig
- 2 Knoblauchzehen, gehackt
- 1 Esslöffel Pflanzenöl
- Salz und Pfeffer nach Geschmack
- Spieße

ANWEISUNGEN:
a) In einer Schüssel Sojasauce, Austernsauce, Honig, gehackten Knoblauch, Pflanzenöl, Salz und Pfeffer zu einer Marinade vermischen.
b) Die Rindfleischwürfel zur Marinade geben und vermengen, bis sie gleichmäßig bedeckt sind. Lassen Sie es mindestens 30 Minuten oder bis über Nacht im Kühlschrank marinieren.
c) Einen Grill oder eine Grillpfanne bei mittlerer bis hoher Hitze vorheizen.
d) Die marinierten Rindfleischwürfel auf Spieße stecken.
e) Grillen Sie die Rindfleischspieße auf jeder Seite etwa 2-3 Minuten lang, bis sie den gewünschten Gargrad erreicht haben.
f) Nehmen Sie die Spieße vom Grill und lassen Sie sie vor dem Servieren einige Minuten ruhen.
g) Servieren Sie die auf der Flamme gegrillten Rindfleischwürfel heiß als leckeren Streetfood-Snack.

28. Taiwanesische Schüssel mit geschmortem Schweinefleisch und Reis

ZUTATEN:
- 1 Pfund (450 g) Schweinebauch, in mundgerechte Stücke geschnitten
- 3 Esslöffel Sojasauce
- 3 Esslöffel dunkle Sojasauce
- 2 Esslöffel Zucker
- 2 Knoblauchzehen, gehackt
- 1-Zoll-Stück Ingwer, in Scheiben geschnitten
- 2 Sternanis
- 1 Zimtstange
- 2 Tassen Wasser
- 2 Esslöffel Pflanzenöl
- Gedämpfter Reis zum Servieren
- Frühlingszwiebeln, gehackt (zum Garnieren)

ANWEISUNGEN:

a) In einer Schüssel Sojasauce, dunkle Sojasauce, Zucker, gehackten Knoblauch, geschnittenen Ingwer, Sternanis, Zimtstange und Wasser vermischen. Gut vermischen, um die Schmorsoße herzustellen.

b) Pflanzenöl in einem großen Topf oder Schmortopf bei mittlerer Hitze erhitzen.

c) Die Schweinebauchstücke in den Topf geben und von allen Seiten anbraten.

d) Die Schmorsauce über das Schweinefleisch gießen und zum Kochen bringen.

e) Reduzieren Sie die Hitze auf eine niedrige Stufe und lassen Sie das Schweinefleisch zugedeckt etwa 1,5 bis 2 Stunden köcheln, bis das Fleisch zart ist und sich die Aromen gut entfalten.

f) Rühren Sie das Schweinefleisch während des Garens gelegentlich um und fügen Sie bei Bedarf mehr Wasser hinzu, damit es nicht austrocknet.

g) Sobald das Schweinefleisch zart ist, nehmen Sie den Deckel ab und lassen Sie die Sauce bei schwacher Hitze weitere 10–15 Minuten eindicken.

h) Servieren Sie das geschmorte Schweinefleisch aus Taiwan über gedünstetem Reis und garnieren Sie es mit gehackten Frühlingszwiebeln.

i) Genießen Sie diese geschmackvolle und wohltuende Reisschüssel.

29.Taiwanesische Klebreiswurst

ZUTATEN:
- 2 Tassen Klebreis (Klebreis)
- 4 chinesische Würste (Lap Cheong)
- 2 Esslöffel Sojasauce
- 1 Esslöffel Austernsauce
- 1 Esslöffel Sesamöl
- 2 Knoblauchzehen, gehackt
- 1 Esslöffel Pflanzenöl
- 2 Frühlingszwiebeln, gehackt

ANWEISUNGEN:
a) Spülen Sie den Klebreis ab und lassen Sie ihn mindestens 4 Stunden oder über Nacht in Wasser einweichen. Lassen Sie den Reis vor dem Kochen abtropfen.
b) Den Klebreis im Dampfgarer etwa 20–25 Minuten dämpfen, bis er weich und klebrig wird.
c) Während der Reis dampft, kochen Sie die chinesischen Würste. In einen Topf Wasser geben und zum Kochen bringen. Die Würstchen dazugeben und 10 Minuten köcheln lassen. Aus dem Wasser nehmen und abkühlen lassen.
d) Sobald die Würste abgekühlt sind, schneiden Sie sie schräg in dünne Stücke.
e) In einer separaten Pfanne das Pflanzenöl bei mittlerer Hitze erhitzen. Den gehackten Knoblauch hinzufügen und anbraten, bis er duftet.
f) Geben Sie den gedämpften Klebreis in die Pfanne und braten Sie ihn einige Minuten lang an.
g) Sojasauce, Austernsauce, Sesamöl und gehackte Frühlingszwiebeln in die Pfanne geben. Gut vermischen, um den Reis zu bedecken.
h) Die geschnittenen Würstchen in die Pfanne geben und weitere 2-3 Minuten unter Rühren braten, bis alles gut vermischt ist.
i) Servieren Sie die taiwanesische Klebreiswurst heiß.

30. Schweinefleisch-Jerky nach taiwanesischer Art

ZUTATEN:
- 1 Pfund (450 g) Schweineschulter, in dünne Streifen geschnitten
- ¼ Tasse Sojasauce
- 2 Esslöffel dunkle Sojasauce
- 2 Esslöffel Reiswein
- 2 Esslöffel Zucker
- 2 Knoblauchzehen, gehackt
- 1 Teelöffel Fünf-Gewürze-Pulver
- ½ Teelöffel schwarzer Pfeffer
- Pflanzenöl zum Braten

ANWEISUNGEN:

a) In einer Schüssel Sojasauce, dunkle Sojasauce, Reiswein, Zucker, gehackten Knoblauch, Fünf-Gewürze-Pulver und schwarzen Pfeffer vermischen. Gut vermischen, um die Marinade herzustellen.

b) Legen Sie die Schweinefleischstreifen in eine flache Schüssel und gießen Sie die Marinade darüber. Stellen Sie sicher, dass alle Seiten des Schweinefleischs bedeckt sind. Lassen Sie sie mindestens 2 Stunden oder am besten über Nacht im Kühlschrank marinieren.

c) Heizen Sie den Ofen auf 325 °F (165 °C) vor.

d) Nehmen Sie die Schweinefleischstreifen aus der Marinade und tupfen Sie sie mit einem Papiertuch trocken.

e) Pflanzenöl in einer großen Pfanne oder einem Wok bei mittlerer bis hoher Hitze erhitzen.

f) Die marinierten Schweinefleischstreifen portionenweise anbraten, bis sie von beiden Seiten knusprig und gebräunt sind. Nehmen Sie sie aus dem Öl und lassen Sie sie auf Papiertüchern abtropfen.

g) Legen Sie die gebratenen Schweinefleischstreifen auf ein Backblech und backen Sie sie im vorgeheizten Ofen etwa 20–25 Minuten lang, damit sie vollständig gegart und knusprig sind.

h) Aus dem Ofen nehmen und das Schweinefleisch vollständig abkühlen lassen.

31. Taiwanesischer Rollreis

ZUTATEN:
- 2 Tassen gekochter Rundkornreis
- 1 Pfund (450 g) Protein Ihrer Wahl (Schwein, Huhn, Rind, Tofu), in dünne Scheiben geschnitten
- 2 Esslöffel Sojasauce
- 1 Esslöffel Austernsauce
- 1 Esslöffel Sesamöl
- 1 Esslöffel Pflanzenöl
- 4 Knoblauchzehen, gehackt
- 1 Tasse geriebener Salat oder anderes Blattgemüse
- 1 Tasse julienierte Karotten
- 1 Tasse Sojasprossen
- ½ Tasse gehackte Frühlingszwiebeln
- Hoisinsauce (zum Servieren)
- Sriracha- oder Chilisauce (zum Servieren)

ANWEISUNGEN:

a) Marinieren Sie in einer Schüssel das dünn geschnittene Protein (Schwein, Huhn, Rindfleisch, Tofu) mit Sojasauce, Austernsauce und Sesamöl. Mindestens 15 Minuten ruhen lassen.

b) Pflanzenöl in einer Pfanne oder einem Wok bei mittlerer bis hoher Hitze erhitzen.

c) Den gehackten Knoblauch in die Pfanne geben und etwa 1 Minute lang anbraten, bis er duftet.

d) Geben Sie das marinierte Protein in die Pfanne und kochen Sie es, bis es durchgegart und leicht karamellisiert ist.

e) Nehmen Sie das Protein aus der Pfanne und stellen Sie es beiseite.

f) Geben Sie in derselben Pfanne bei Bedarf noch etwas Öl hinzu und braten Sie den zerkleinerten Salat, die Julienne-Karotten, die Sojasprossen und die gehackten Frühlingszwiebeln einige Minuten lang an, bis das Gemüse leicht gar, aber noch knusprig ist.

g) Den gekochten Reis auf Servierteller verteilen.

h) Geben Sie eine Portion des gebratenen Gemüses und Eiweißes auf den Reis.

i) Rollen Sie den Reis und die Füllungen mit einem Stück Plastikfolie oder einer Sushi-Matte fest auf.

j) Entfernen Sie die Plastikfolie oder die Sushi-Matte und servieren Sie den taiwanesischen Rollreis mit Hoisinsauce und Sriracha- oder Chilisauce als Beilage.

JAPANISCHES COMFORT-FOOD

32.Tofu in schwarzer Pfeffersauce

ZUTATEN :
- 1 Tasse. Maisstärke
- 1 ½ Teelöffel weißer Pfeffer
- 16 Unzen fester Tofu, perfekt abgetropft
- 4 Esslöffel Pflanzenöl
- 1 Teelöffel koscheres Salz
- 2 Frühlingszwiebeln, fein geschnitten
- 3 rote Chilischoten, entkernt und in schöne Scheiben geschnitten

ANWEISUNGEN:

a) Stellen Sie sicher, dass der Tofu gut abgetropft ist, und tupfen Sie ihn mit einem Papiertuch trocken. Sie können ein schweres Schneidebrett darauf drücken, um die gesamte Flüssigkeit herauszubekommen.
b) Den Tofu in feine, stabile Würfel schneiden
c) Die Maisstärke mit dem weißen Pfeffer und Salz vermischen.
d) Den Tofu in die Mehlmischung geben und darauf achten, dass die Würfel gut bedeckt sind.
e) Legen Sie sie für 2 Minuten in einen Ziploc-Beutel
f) Gießen Sie das Öl in eine beschichtete Pfanne und braten Sie die Tofuwürfel, sobald sie heiß sind, zu knusprigen Würfeln
g) In Portionen braten und
h) Mit geschnittener Paprika und Frühlingszwiebeln garnieren

33.Agedashi-Tofu

ZUTATEN:
- Aromatisiertes Öl, drei Tassen
- Maisstärke, vier Esslöffel
- Sojasauce, zwei Esslöffel
- Katsuobishi, je nach Bedarf
- Tofu, ein Block
- Mirin, zwei Esslöffel
- Daikon-Rettich nach Bedarf
- Frühlingszwiebeln, je nach Bedarf
- Shichimi Togarashi, eine Handvoll
- Dashi, eine Tasse

ANWEISUNGEN:

a) Wickeln Sie den Tofu mit drei Lagen Papiertüchern ein und stellen Sie einen weiteren Teller darauf. Lassen Sie das Wasser fünfzehn Minuten lang aus dem Tofu abtropfen.

b) Den Daikon schälen, reiben und das Wasser vorsichtig ausdrücken. Die Frühlingszwiebel in dünne Scheiben schneiden.

c) Dashi, Sojasauce und Mirin in einen kleinen Topf geben und zum Kochen bringen.

d) Nehmen Sie den Tofu von den Papiertüchern und schneiden Sie ihn in acht Stücke.

e) Den Tofu mit Kartoffelstärke bestreichen, überschüssiges Mehl übrig lassen und sofort frittieren, bis er hellbraun und knusprig wird.

f) Nehmen Sie den Tofu heraus und lassen Sie überschüssiges Öl auf einem mit Papiertüchern ausgelegten Teller oder einem Kuchengitter abtropfen.

g) Zum Servieren den Tofu in eine Servierschüssel geben und vorsichtig mit der Soße übergießen, ohne den Tofu zu benetzen.

34.Sesam-Shiso-Reis

ZUTATEN :
- 2 Tassen. gekochter Reis (Kurzkorn)
- 12 Shiso-Blätter
- 6 Stück Umeboshi, entkernt und gehackt
- 2 Esslöffel Sesamkörner, schön geröstet

ANWEISUNGEN:
a) In einer sauberen, tiefen Schüssel den gekochten Reis, Umeboshi, Shiso-Blätter und Sesamsamen vermischen.
b) Aufschlag

35.Japanischer Kartoffelsalat

ZUTATEN :
- 2 Pfund rostbraune Kartoffel. Geschält, gekocht und püriert
- 3 Gurken. Fein geschnitten
- ¼ Teelöffel Meersalz
- 3 Teelöffel Reisweinessig
- 1 Esslöffel japanischer Senf
- 7 Esslöffel japanische Mayonnaise
- 2 Karotten. Geviertelt und in dünne Scheiben geschnitten
- 1 rote Zwiebelknolle. Fein geschnitten

ANWEISUNGEN:

a) Die Gurkenscheiben in eine Schüssel geben, etwas Salz darüber streuen und 12 Minuten ruhen lassen. Lassen Sie das überschüssige Wasser ab und trocknen Sie die Gurken in einem Papiertuch

b) In einer kleinen Schüssel Senf, Mayonnaise und Essig vermischen

c) In einer anderen großen Schüssel das Kartoffelpüree, die Mayo-Mischung, die Gurken und die Karotten unterheben. Gut umrühren, um eine gleichmäßige Mischung zu erreichen

36. Natto

ZUTATEN:
- Frühlingszwiebeln zum Garnieren
- Natto, ein Esslöffel
- Sojasauce, halber Teelöffel
- Saikkyo, eineinhalb Teelöffel
- Tofu, halber Block
- Miso, zwei Esslöffel
- Wakame-Samen, eine Handvoll
- Dashi, zwei Tassen

ANWEISUNGEN:
a) Bringen Sie das Dashi in einem Suppentopf zum Kochen und geben Sie einen Löffel Natto in die Flüssigkeit. Zwei Minuten köcheln lassen.
b) Geben Sie die Miso-Pasten in den Topf und lösen Sie die Pasten mit der Rückseite eines Löffels im Dashi auf.
c) Wakame und Tofu hinzufügen und weitere 30 Sekunden köcheln lassen.
d) Mit Frühlingszwiebeln garnieren.
e) Sofort servieren.

37. Nasu Dengaku

ZUTATEN:
- Japanische Aubergine, drei
- Aromatisiertes Öl, ein Esslöffel
- Sake, zwei Esslöffel
- Zucker, zwei Esslöffel
- Miso, vier Esslöffel
- Sesamsamen, nach Bedarf
- Tofu, ein Block
- Mirin, zwei Esslöffel
- Daikon-Rettich, drei
- Konnyaku, eine Handvoll

ANWEISUNGEN:
a) Sake, Mirin, Zucker und Miso in einem Topf vermischen.
b) Gut vermischen und dann bei niedrigster Hitze leicht köcheln lassen. Ständig umrühren und einige Minuten kochen lassen.
c) Wickeln Sie den Tofu mit zwei Blättern Papiertuch ein und drücken Sie den Tofu 30 Minuten lang zwischen zwei Tellern.
d) Legen Sie den Tofu und die Auberginen auf ein mit Backpapier oder Silikonbackblech ausgelegtes Backblech. Tragen Sie mit einem Pinsel Pflanzenöl auf die Ober- und Unterseite von Tofu und Auberginen auf.
e) Bei 400 Grad zwanzig Minuten backen oder bis die Aubergine weich ist.
f) Geben Sie vorsichtig einen Teil der Miso-Glasur auf Ihren Tofu und Ihre Auberginen und verteilen Sie ihn gleichmäßig. Fünf Minuten braten.

38.Ramen-Nudelpfanne mit Steak

ZUTATEN:
- Zwiebel, eine
- Karotten, halbe Tasse
- Rinderhackfleisch, halbes Pfund
- Rapsöl, ein Esslöffel
- Ketchup, zwei Esslöffel
- Salz und Pfeffer nach Geschmack
- Maisstärke, ein Teelöffel
- Rinderbrühe, eine Tasse
- Sake, ein Esslöffel
- Gekochtes Ei, eins
- Worcestershire-Sauce, ein Esslöffel

ANWEISUNGEN:

a) In einer großen Pfanne bei mittlerer bis hoher Hitze Öl erhitzen.

b) Fügen Sie das Steak hinzu und braten Sie es an, bis es Ihren Wünschen entspricht, etwa fünf Minuten pro Seite bei mittlerer Größe. Geben Sie es dann auf ein Schneidebrett, lassen Sie es fünf Minuten lang ruhen und schneiden Sie es dann in Scheiben.

c) In einer kleinen Schüssel Sojasauce, Knoblauch, Limettensaft, Honig und Cayennepfeffer verrühren, bis alles gut vermischt ist, und beiseite stellen.

d) Zwiebeln, Paprika und Brokkoli in die Pfanne geben und kochen, bis sie weich sind, dann die Sojasaucenmischung hinzufügen und umrühren, bis sie vollständig bedeckt sind.

e) Gekochte Ramen-Nudeln und Steak dazugeben und vermengen, bis alles gut vermischt ist.

39. Käsiges Ramen Carbonara

ZUTATEN:
- Dashi, eine Tasse
- Olivenöl, ein Esslöffel
- Speckscheiben, sechs
- Nach Bedarf salzen
- Gehackter Knoblauch, zwei
- Petersilie, nach Bedarf
- Parmesankäse, halbe Tasse
- Milch, zwei Esslöffel
- Eier, zwei
- Ramen-Packung, drei

ANWEISUNGEN:
a) Alle Zutaten vermischen .
b) Nudeln nach Packungsanleitung kochen.
c) Bewahren Sie bei Bedarf eine viertel Tasse Kochwasser auf, um die Soße später aufzulockern. Nudeln abtropfen lassen und mit Olivenöl vermischen, damit sie nicht kleben.
d) Eine mittelgroße Pfanne bei mittlerer Hitze erhitzen. Speckstücke kochen, bis sie braun und knusprig sind. Die Nudeln in die Pfanne geben und mit dem Speck vermengen, bis die Nudeln mit dem Speckfett bedeckt sind.
e) Eier mit einer Gabel verquirlen und Parmesankäse untermischen. Die Ei-Käse-Mischung in die Pfanne geben und mit Speck und Nudeln vermischen.

40.Ramen mit vier Zutaten

ZUTATEN :
- 1 (3 Unzen) Packung Ramen-Nudeln, jede Geschmacksrichtung
- 2 Tassen Wasser
- 2 Esslöffel Butter
- 1/4 Tasse Milch

ANWEISUNGEN:

a) Stellen Sie einen Topf auf mittlere Hitze und füllen Sie ihn größtenteils mit Wasser. Kochen Sie es, bis es zu kochen beginnt.

b) Die Nudeln unterrühren und 4 Minuten kochen lassen. Gießen Sie das Wasser ab und geben Sie die Nudeln in einen leeren Topf.

c) Milch mit Butter und Gewürzmischung unterrühren. Bei schwacher Hitze 3 bis 5 Minuten kochen, bis eine cremige Konsistenz entsteht. Warm servieren. Genießen.

41. Ramen-Lasagne

ZUTATEN :
- 2 (3 Unzen) Packungen Ramen-Nudeln
- 1 Pfund Rinderhackfleisch
- 3 Eier
- 2 C. geriebener Käse
- 1 Esslöffel gehackte Zwiebel
- 1 Tasse Spaghettisauce

ANWEISUNGEN:

a) Bevor Sie etwas tun, heizen Sie den Ofen auf 325 F vor.
b) Stellen Sie eine große Pfanne auf mittlere Hitze. Darin das Rindfleisch mit 1 Gewürzpäckchen und Zwiebeln 10 Minuten anbraten.
c) Das Rindfleisch in eine gefettete Backform geben. Die Eier verquirlen und in derselben Pfanne kochen, bis sie gar sind.
d) Belegen Sie das Rindfleisch mit einer halben Tasse geriebenem Käse, gefolgt von den gekochten Eiern und einer weiteren halben Tasse Käse.
e) Kochen Sie die Ramen-Nudeln gemäß den Anweisungen auf der Packung. Abgießen und mit der Spaghettisauce vermischen.
f) Verteilen Sie die Mischung auf der gesamten Käseschicht. Mit dem restlichen Käse belegen. 12 Minuten im Ofen garen . Servieren Sie Ihre Lasagne warm. Genießen.

42. Heiße Schweinekotelett-Ramen

ZUTATEN:
- 1 Pfund Schweinekoteletts
- 4 Esslöffel chinesische BBQ-Sauce
- 3 Teelöffel Erdnussöl
- 2 Tassen Frühlingszwiebel, in Scheiben geschnitten
- 2-3 Knoblauchzehen, gehackt
- 1 Teelöffel Ingwer, gehackt
- 5 Tassen Hühnerbrühe
- 3 Esslöffel Sojasauce
- 3 Esslöffel Fischsauce
- 2 Packungen Ramen-Nudeln, gekocht
- 5 Stück Pak Choi, geviertelt
- 1 rote Chilischote, in Scheiben geschnitten
- 8 Eier
- Speiseöl

ANWEISUNGEN:
a) Die Schweinekoteletts mit chinesischer BBQ-Sauce bestreichen und 15–20 Minuten beiseite stellen.
b) Etwas Erdnussöl in einem Topf bei mittlerer Hitze erhitzen, Zwiebel, Knoblauch und Ingwer darin 2-3 Minuten anbraten.
c) Brühe, Knoblauch, Sojasauce, 2 Tassen Wasser, Fischsaucen, Ingwer und rotes Chili hinzufügen. Lassen Sie es köcheln und fügen Sie den Pak Choi hinzu. 2-3 Minuten kochen lassen.
d) Vom Herd nehmen. Seite legen.
e) Heizen Sie Ihren Grill bei starker Hitze vor.
f) Besprühen Sie die Schweinekoteletts mit etwas Speiseöl und legen Sie sie auf den heißen Grill, bis sie braun sind.
g) Umgedreht und von der anderen Seite 3-4 Minuten lang wenden und dann auf einen Teller geben.
h) Die Ramen auf 4 Schüsseln verteilen.
i) Den Pak Choi über die Nudeln legen und mit etwas heißer Suppe beträufeln.
j) Die Schweinekoteletts darauflegen und mit geriebenen Zwiebeln garnieren.
k) Mit Eiern und Korianderblättern belegen.

43. Miso-Schweinefleisch und Ramen

ZUTATEN:
- 2 Pfund Schweinefüße, in 1-Zoll-runde Formen geschnitten
- 2 Pfund Hähnchen, ohne Knochen, in Streifen geschnitten
- 2 Esslöffel Speiseöl
- 1 Zwiebel, gehackt
- 8-10 Knoblauchzehen, gehackt
- 1-Zoll-Ingwerscheibe, gehackt
- 2 Lauch, gehackt
- ½ Pfund Frühlingszwiebeln, weiße und grüne Teile getrennt, gehackt
- 1 Tasse Champignons, in Scheiben geschnitten
- 2 Pfund Schweineschulter, gehackt
- 1 Tasse Misopaste
- ¼ Tasse Shoyu
- ½ Esslöffel Mirin
- Salz, nach Geschmack

ANWEISUNGEN:

a) Geben Sie das Schweine- und Hähnchenfleisch in einen Suppentopf und fügen Sie reichlich Wasser hinzu, bis es bedeckt ist. Stellen Sie es bei starker Hitze auf einen Brenner und bringen Sie es zum Kochen. Wenn es fertig ist, vom Herd nehmen.

b) Erhitzen Sie etwas Speiseöl in einem Gusseisen bei starker Hitze und kochen Sie Zwiebeln, Knoblauch und Ingwer etwa 15 Minuten lang oder bis sie braun sind. Beiseite legen.

c) Gekochte Knochen mit Gemüse, Schweineschulter, Lauch, Frühlingszwiebeln und Pilzen in einen Topf geben. Mit kaltem Wasser auffüllen. Bei starker Hitze 20 Minuten kochen lassen. Die Hitze reduzieren und 3 Stunden köcheln lassen und mit einem Deckel abdecken.

d) Entfernen Sie nun die Schulter mit einem Spatel. Und in einen Behälter geben und im Kühlschrank aufbewahren. Setzen Sie den Deckel wieder auf den Topf und kochen Sie ihn erneut 6 bis 8 Stunden lang.

e) Die Brühe abseihen und Feststoffe entfernen. Miso, 3 Esslöffel Shoyu und etwas Salz verquirlen.

f) Das Schweinefleisch zerkleinern und mit Shoyu und Mirin vermengen. Mit Salz.

g) Etwas Brühe über die Nudeln geben und mit gebranntem Knoblauch-Sesam-Chili belegen. Legen Sie das Schweinefleisch in Schüsseln.

h) Mit Eiern und anderen gewünschten Produkten belegen.

44. Gebackenes Hühnchen-Katsu

ZUTATEN:
- Hähnchenbruststücke ohne Knochen, ein Pfund
- Panko, eine Tasse
- Allzweckmehl, halbe Tasse
- Wasser, ein Esslöffel
- Ei, eins
- Salz und Pfeffer nach Geschmack
- Tonkatsu-Sauce nach Bedarf

ANWEISUNGEN:
a) Panko und Öl in einer Bratpfanne vermischen und bei mittlerer Hitze goldbraun rösten. Panko in eine flache Schüssel geben und abkühlen lassen.
b) Die Hähnchenbrust mit Schmetterlingen belegen und halbieren. Auf beiden Seiten des Hähnchens Salz und Pfeffer würzen.
c) Geben Sie in eine flache Schüssel Mehl und verquirlen Sie in einer anderen flachen Schüssel das Ei und das Wasser.
d) Jedes Hähnchenstück mit Mehl bestreichen und überschüssiges Mehl abschütteln. Tauchen Sie es in die Eimischung und bestreichen Sie es dann mit dem gerösteten Panko. Drücken Sie es fest an, damit es am Huhn haftet.
e) Legen Sie die Hähnchenteile etwa zwanzig Minuten lang auf das vorbereitete Backblech. Sofort servieren oder auf einen Rost legen, damit der Boden des Katsu nicht durch die Feuchtigkeit durchnässt wird.

45.Hayashi-Hackfleisch-Curry

ZUTATEN:
- Zwiebel, eine
- Karotten, halbe Tasse
- Rinderhackfleisch, halbes Pfund
- Rapsöl, ein Esslöffel
- Ketchup, zwei Esslöffel
- Salz und Pfeffer nach Geschmack
- Maisstärke, ein Teelöffel
- Rinderbrühe, eine Tasse
- Sake, ein Esslöffel
- Gekochtes Ei, eins

ANWEISUNGEN:
a) Ei kochen und in kleine Stücke schneiden oder mit einer Gabel zerdrücken. Gut mit Salz und Pfeffer würzen.
b) Öl erhitzen und Zwiebeln und Karotten hinzufügen.
c) Maisstärke über das Hackfleisch streuen und zum Gemüse geben. Fügen Sie eine viertel Tasse Rinderbrühe hinzu und zerkleinern Sie das Hackfleisch unter Rühren.
d) Rinderbrühe, Ketchup, Sake und Worcestershire-Sauce hinzufügen.
e) Gut vermischen und zehn Minuten kochen lassen oder bis die gesamte Flüssigkeit verdampft ist. Mit Salz und Pfeffer würzen.
f) Zwiebeln in einer separaten Pfanne knusprig braten.

46. Teriyaki-Hühnerfleisch

ZUTATEN:
- Sesamöl, ein Teelöffel
- Brokkoli zum Servieren
- Schatz, ein Esslöffel
- Ketchup, zwei Esslöffel
- Salz und Pfeffer nach Geschmack
- Maisstärke, ein Teelöffel
- Gekochter weißer Reis, eine Tasse
- Knoblauch und Ingwer, ein Esslöffel
- Gekochtes Ei, eins
- Sojasauce, ein Esslöffel

ANWEISUNGEN:
a) In einer mittelgroßen Schüssel Sojasauce, Reisessig, Öl, Honig, Knoblauch, Ingwer und Maisstärke verrühren.
b) In einer großen Pfanne bei mittlerer Hitze Öl erhitzen. Hähnchen in die Pfanne geben und mit Salz und Pfeffer würzen. Kochen, bis es goldbraun und fast gar ist.
c) Das Hähnchen abdecken und köcheln lassen, bis die Sauce leicht eingedickt und das Hähnchen durchgegart ist.
d) Mit Sesamkörnern und Frühlingszwiebeln garnieren.
e) Mit Reis und gedünstetem Brokkoli servieren.

47. Japanische Lachsschüssel

ZUTATEN:
- Chilisauce, ein Teelöffel
- Sojasauce, ein Teelöffel
- Reis, zwei Tassen
- Sesamöl, ein Esslöffel
- Ingwer, zwei Esslöffel
- Salz und Pfeffer nach Geschmack
- Sesamsamen, ein Teelöffel
- Essig, ein Teelöffel
- Nach Bedarf geraspeltes Nori
- Lachs, halbes Pfund
- Geraspelter Kohl, eine Tasse

ANWEISUNGEN:
a) Geben Sie den Reis, drei Tassen Wasser und einen halben Teelöffel Salz in einen großen Topf, bringen Sie ihn zum Kochen und kochen Sie ihn fünfzehn Minuten lang oder bis das Wasser aufgesogen ist.
b) Essig, Sojasauce, Chilisauce, Sesamöl, Sesamkörner und Ingwer in eine Schüssel geben und gut vermischen.
c) Den Lachs hinzufügen und vorsichtig umrühren, bis er vollständig bedeckt ist.
d) Den zerkleinerten Kohl und das Sesamöl in eine Schüssel geben und gut vermischen.
e) In jede Schüssel einen großen Löffel Reis geben, den Kohl dazugeben und die Mayonnaise darüberpressen.

48. Huhn im Topf/Mizutaki

ZUTATEN:
- Negi, eins
- Mizuna, vier
- Chinakohl, acht
- Karotte, halbe Tasse
- Hähnchenschenkel, ein Pfund
- Kombu, halbes Pfund
- Sake, ein Teelöffel
- Ingwer, ein Teelöffel
- Sesamsamen, nach Bedarf

ANWEISUNGEN:
a) Mische alle Zutaten .
b) Geben Sie in eine große Schüssel fünf Tassen Wasser und Kombu, um kalt gebrühtes Kombu-Dashi zuzubereiten. Beiseite stellen, während Sie das Huhn zubereiten.
c) Füllen Sie einen mittelgroßen Topf mit Wasser und geben Sie die Hähnchenschenkelstücke mit Knochen und Haut hinzu. Stellen Sie die Hitze auf mittlere bis niedrige Stufe.
d) Fügen Sie dem kaltgebrühten Kombu-Dashi die gerade abgespülten Hähnchenschenkelstücke hinzu.
e) Fügen Sie außerdem Sake der Hühnchenstücke und Ingwer hinzu.
f) Bei mittlerer Hitze zum Kochen bringen.
g) Reduzieren Sie die Hitze auf mittlere bis niedrige Stufe und kochen Sie es zugedeckt dreißig Minuten lang. Beginnen Sie in dieser Zeit mit der Zubereitung anderer Zutaten . Nach 30 Minuten die Ingwerscheiben herausnehmen und wegwerfen.

49. Japanischer Ingwer-Wolfsbarsch

ZUTATEN:
- 2 Teelöffel Miso-Weißpaste
- 6 Unzen. Wolfsbarschstück
- 1 ¼ Teelöffel Mirin
- 1 Teelöffel frischer Ingwersaft
- 1 Teelöffel Zucker
- 3 Teelöffel Sake

ANWEISUNGEN:
a) In einer sauberen mittelgroßen Schüssel alle Zutaten außer dem Sake vermischen. Gut vermischen und beiseite stellen.
b) Legen Sie ein Fischstück in den gemischten Inhalt, fügen Sie den Sake hinzu und rühren Sie alles um, bis es gut bedeckt ist
c) Legen Sie es für 4 Stunden in den Gefrierschrank
d) Den Grill vorheizen und den Fisch auf einen Rost legen
e) Grillen Sie es und schwenken Sie es hin und her, bis es vollständig braun und gar ist.
f) Den Bass auf eine Platte geben und servieren

50.Japanisches schickes Teriyaki

ZUTATEN:
- 2 Pfund Lachs
- 3 Esslöffel gehackte Frühlingszwiebeln
- 2 Esslöffel schwarze und weiße Sesamkörner
- ½ Tasse natives Olivenöl extra
- Teriyaki Soße
- 4 Esslöffel Sojasauce
- 1 Tasse Mirin
- 2 ½ Tasse. Zucker

ANWEISUNGEN:
a) Bereiten Sie die Teriyaki-Sauce zu, indem Sie alle Zutaten unter der Überschrift in einen Topf geben und bei schwacher Hitze kochen, bis sie eindickt. Vom Herd nehmen und abkühlen lassen
b) Gießen Sie etwas Öl in eine beschichtete Pfanne und legen Sie den Lachs hinein. Decken Sie die Pfanne ab und kochen Sie den Lachs bei mäßiger Hitze, bis er gleichmäßig braun ist.
c) Auf einer Platte anrichten und die Teriyaki-Sauce darüber träufeln
d) Und mit weißen Sesamkörnern und gehackten Frühlingszwiebeln garnieren

Indisches Wohlfühlessen

51.Chicken Tikka Rice Bowl

ZUTATEN:
- Eine Tasse Hähnchenstücke ohne Knochen
- Zwei Tassen Reis
- Zwei Tassen Wasser
- Zwei Esslöffel rotes Chilipulver
- Ein Teelöffel Garam-Masala-Pulver
- Ein Esslöffel Speiseöl
- Zwei Esslöffel Tikka Masala
- Salz nach Geschmack
- Schwarzer Pfeffer nach Geschmack
- Zwei Esslöffel Korianderpulver
- Ein Teelöffel Kreuzkümmelpulver
- Ein Teelöffel zerdrückter Knoblauch

ANWEISUNGEN:
a) Nehmen Sie einen Topf.
b) Geben Sie das Wasser in die Pfanne.
c) Den Reis dazugeben und etwa zehn Minuten lang gut kochen lassen.
d) Nehmen Sie eine große Pfanne.
e) Den gehackten Knoblauch in die Pfanne geben.
f) Die Gewürze in die Pfanne geben.
g) Kochen Sie die Mischung etwa zehn Minuten lang gut, bis sie geröstet sind.
h) Die Hähnchenstücke in die Pfanne geben.
i) Kochen Sie die Zutaten etwa fünfzehn Minuten lang gut.
j) Reis in eine Schüssel geben.
k) Geben Sie die Chicken-Tikka-Mischung darüber.
l) Ihr Gericht ist servierfertig.

52. Schüssel mit braunem Curry-Reis

ZUTATEN:
- Ein halbes Pfund Gemüse
- Zwei Zwiebeln
- Zwei Esslöffel Rapsöl
- Eine Tasse gekochter brauner Reis
- Zwei Tassen Wasser
- Ein Teelöffel Ingwer
- Zwei Tomaten
- Vier Knoblauchzehen
- Zwei grüne Chilis
- Salz nach Geschmack
- Ein Teelöffel roter Currypfeffer
- Schwarzer Pfeffer nach Geschmack
- Ein Teelöffel Korianderblätter
- Halber Teelöffel Garam Masala
- Ein Teelöffel schwarze Senfkörner
- Ein Teelöffel Kreuzkümmelsamen

ANWEISUNGEN:
a) Nehmen Sie eine Pfanne und geben Sie das Öl hinein.
b) Das Öl erhitzen und Zwiebeln hineingeben.
c) Die Zwiebeln anbraten, bis sie hellbraun werden.
d) Kreuzkümmel und Senfkörner in die Pfanne geben.
e) Braten Sie sie gut an und fügen Sie Salz, Pfeffer und grüne Chilis hinzu.
f) Kurkuma, Ingwer und Knoblauchzehen dazugeben.
g) Geben Sie das Gemüse und den roten Currypfeffer in die Pfanne.
h) Gut vermischen und fünfzehn Minuten weiterkochen.
i) Braunen Reis in eine Schüssel geben.
j) Die vorbereitete Mischung darüber geben.
k) Zum Garnieren Korianderblätter und Garam Masala hinzufügen.
l) Ihr Gericht ist servierfertig.

53.Käsereisschüssel

ZUTATEN:
- Ein halbes Pfund gemischter Käse
- Zwei Zwiebeln
- Zwei Esslöffel Rapsöl
- Eine Tasse gekochter brauner Reis
- Zwei Tassen Wasser
- Ein Teelöffel Ingwer
- Zwei Tomaten
- Vier Knoblauchzehen
- Zwei grüne Chilis
- Salz nach Geschmack
- Ein Teelöffel roter Currypfeffer
- Schwarzer Pfeffer nach Geschmack
- Ein Teelöffel Korianderblätter
- Halber Teelöffel Garam Masala
- Ein Teelöffel schwarze Senfkörner
- Ein Teelöffel Kreuzkümmelsamen

ANWEISUNGEN:
a) Nehmen Sie eine Pfanne und geben Sie das Öl hinein.
b) Das Öl erhitzen und Zwiebeln hineingeben.
c) Die Zwiebeln anbraten, bis sie hellbraun werden.
d) Kreuzkümmel und Senfkörner in die Pfanne geben.
e) Braten Sie sie gut an und fügen Sie Salz, Pfeffer und grüne Chilis hinzu.
f) Kurkuma, Ingwer und Knoblauchzehen dazugeben.
g) Käse, Reis und roten Curry in die Pfanne geben.
h) Gut vermischen und fünfzehn Minuten weiterkochen.
i) Braunen Reis in eine Schüssel geben.
j) Ihr Gericht ist servierfertig.

54.Indische Hammel-Curry- Reisschüssel

ZUTATEN:
- Ein halbes Pfund Hammelfleischstücke
- Zwei Zwiebeln
- Zwei Esslöffel Rapsöl
- Eine Tasse gekochter Reis
- Zwei Tassen Wasser
- Ein Teelöffel Ingwer
- Zwei Tomaten
- Vier Knoblauchzehen
- Sechs grüne Chilis
- Salz nach Geschmack
- Ein Teelöffel roter Currypfeffer
- Schwarzer Pfeffer nach Geschmack
- Ein Teelöffel Korianderblätter
- Halber Teelöffel Garam Masala
- Ein Teelöffel schwarze Senfkörner
- Ein Teelöffel Kreuzkümmelsamen

ANWEISUNGEN:
a) Nehmen Sie eine Pfanne und geben Sie das Öl hinein.
b) Das Öl erhitzen und Zwiebeln hineingeben.
c) Die Zwiebeln anbraten, bis sie hellbraun werden.
d) Kreuzkümmel und Senfkörner in die Pfanne geben.
e) Braten Sie sie gut an und fügen Sie Salz, Pfeffer und grüne Chilis hinzu.
f) Kurkuma, Ingwer und Knoblauchzehen dazugeben.
g) Das Hammelfleisch und den roten Curry in die Pfanne geben.
h) Gut vermischen und fünfzehn Minuten weiterkochen.
i) Reis in eine Schüssel geben.
j) Die vorbereitete Mischung darüber geben.
k) Zum Garnieren Korianderblätter und Garam Masala hinzufügen.
l) Ihr Gericht ist servierfertig.

55. Indische cremige Curry-Bowl

ZUTATEN:
- Ein halbes Pfund Gemüse
- Zwei Zwiebeln
- Zwei Esslöffel Rapsöl
- Eine Tasse gekochter Reis
- Zwei Tassen Wasser
- Ein Teelöffel Ingwer
- Zwei Tomaten
- Vier Knoblauchzehen
- Zwei grüne Chilis
- Eine Tasse Sahne
- Salz nach Geschmack
- Ein Teelöffel roter Currypfeffer
- Schwarzer Pfeffer nach Geschmack
- Ein Teelöffel Korianderblätter
- Halber Teelöffel Garam Masala
- Ein Teelöffel schwarze Senfkörner
- Ein Teelöffel Kreuzkümmelsamen

ANWEISUNGEN:
a) Nehmen Sie eine Pfanne und geben Sie das Öl hinein.
b) Das Öl erhitzen und Zwiebeln hineingeben.
c) Die Zwiebeln anbraten, bis sie hellbraun werden.
d) Kreuzkümmel und Senfkörner in die Pfanne geben.
e) Braten Sie sie gut an und fügen Sie Salz, Pfeffer und grüne Chilis hinzu.
f) Fügen Sie Kurkuma, Ingwer und Knoblauchzehen hinzu.
g) Geben Sie das Gemüse, die Sahne und den roten Curry in die Pfanne.
h) Gut vermischen und fünfzehn Minuten weiterkochen.
i) Reis in eine Schüssel geben.
j) Die vorbereitete Mischung darüber geben.
k) Zum Garnieren Korianderblätter und Garam Masala hinzufügen.
l) Ihr Gericht ist servierfertig.

56.Indische Zitronenreisschale

ZUTATEN:
- Zwei Esslöffel Rapsöl
- Eine Tasse frische Kräuter
- Eine Tasse geschnittene Zitronen
- Ein Esslöffel rotes Chilipulver
- Zwei Esslöffel Zitronensaft
- Ein Teelöffel Knoblauch-Ingwer-Paste
- Ein Teelöffel Chiliflocken
- Halber Teelöffel Kreuzkümmelpulver
- Ein Esslöffel Korianderpulver
- Salz
- Zwei Tassen gekochter Reis

ANWEISUNGEN:
a) Nehmen Sie einen Topf und geben Sie das Öl hinein.
b) Das Öl erhitzen und die Zitronenstücke, Salz und Pfeffer hineingeben.
c) Einige Minuten kochen, bis die Zitrone weich wird.
d) Fügen Sie Knoblauch, Ingwer und rote Chiliflocken hinzu.
e) Kochen Sie es, bis die Mischung duftet.
f) Die Gewürze in die Mischung geben und kochen.
g) Den Reis in zwei Schüsseln geben.
h) Teilen Sie die gekochte Mischung auf zwei Schüsseln auf.
i) Geben Sie die frischen Kräuter darüber.
j) Ihr Gericht ist servierfertig.

57.Indische Blumenkohl-Buddha- Schüssel

ZUTATEN:
- Eine Tasse Blumenkohlröschen
- Zwei Tassen Quinoa
- Zwei Tassen Wasser
- Zwei Esslöffel rotes Chilipulver
- Ein Teelöffel Garam-Masala-Pulver
- Ein Esslöffel Speiseöl
- Zwei Tassen Spinat
- Zwei Tassen rote Paprika
- Eine halbe Tasse geröstete Cashewnüsse
- Salz nach Geschmack
- Schwarzer Pfeffer nach Geschmack
- Zwei Esslöffel Korianderpulver
- Ein Teelöffel Kreuzkümmelpulver
- Ein Teelöffel zerdrückter Knoblauch

ANWEISUNGEN:
a) Nehmen Sie einen Topf.
b) Geben Sie das Wasser in die Pfanne.
c) Den Quinoa hinzufügen und etwa zehn Minuten lang gut kochen.
d) Nehmen Sie eine große Pfanne.
e) Den gehackten Knoblauch in die Pfanne geben.
f) Die Gewürze in die Pfanne geben.
g) Kochen Sie die Mischung etwa zehn Minuten lang gut, bis sie geröstet sind.
h) Spinat, Blumenkohl und Paprika in die Pfanne geben.
i) Kochen Sie die Zutaten etwa fünfzehn Minuten lang gut.
j) Quinoa in eine Schüssel geben.
k) Den Masala-Blumenkohl darüber geben.
l) Die gerösteten Cashewnüsse auf den Blumenkohl geben.
m) Ihr Gericht ist servierfertig.

58.Indische gegrillte Linsenschüssel

ZUTATEN:
- Zwei Esslöffel Rapsöl
- Eine Tasse frische Kräuter
- Ein Esslöffel rotes Chilipulver
- Zwei Tassen gegrillte Linsen
- Ein Teelöffel Knoblauch-Ingwer-Paste
- Ein Teelöffel Chiliflocken
- Halber Teelöffel Kreuzkümmelpulver
- Ein Esslöffel Korianderpulver
- Salz
- Eine halbe Tasse Minzsauce
- Zwei Tassen gekochter Reis

ANWEISUNGEN:
a) Nehmen Sie einen Topf und geben Sie das Öl hinein.
b) Das Öl erhitzen und die gegrillten Linsen, Salz und Pfeffer hineingeben.
c) Fügen Sie Knoblauch, Ingwer und rote Chiliflocken hinzu.
d) Kochen Sie es, bis die Mischung duftet.
e) Die Gewürze in die Mischung geben und kochen.
f) Den Reis in zwei Schüsseln geben.
g) Teilen Sie die gekochte Mischung auf zwei Schüsseln auf.
h) Geben Sie die frischen Kräuter und die Minzsauce darüber.
i) Ihr Gericht ist servierfertig.

CHINESISCHES COMFORT-FOOD

59. chinesisches Huhn mit gebratenem Reis

ZUTATEN:
- Ein Esslöffel Fischsauce
- Ein Esslöffel Sojasauce
- Halber Teelöffel chinesisches Fünf-Gewürz-Gewürz
- Zwei Esslöffel Chili-Knoblauch-Sauce
- Zwei rote Chilis
- Ein großer Jalapeno
- Eine halbe Tasse geschnittene Frühlingszwiebeln
- Ein Teelöffel weiße Pfefferkörner
- Ein Teelöffel frischer Ingwer
- Eine halbe Tasse frische Korianderblätter
- Ein Viertel frische Basilikumblätter
- Eine Tasse Hühnerbrühe
- Ein Teelöffel gehacktes Zitronengras
- Ein Teelöffel gehackter Knoblauch
- Zwei Esslöffel Sesamöl
- Ein Ei
- Eine halbe Tasse Hühnchen
- Zwei Tassen gekochter brauner Reis

ANWEISUNGEN:

a) Nimm einen Wok.
b) Geben Sie das gehackte Zitronengras, die weißen Pfefferkörner, den gehackten Knoblauch, das chinesische Fünf-Gewürze-Gewürz, die roten Chilis, die Basilikumblätter und den Ingwer in den Wok.
c) Die Hähnchenstücke in die Pfanne geben.
d) Die Hähnchenteile unter Rühren anbraten.
e) Hühnerbrühe und Soßen in die Wok-Mischung geben.
f) Kochen Sie das Gericht zehn Minuten lang.
g) Den gekochten braunen Reis in die Mischung geben.
h) Den Reis gut vermischen und fünf Minuten kochen lassen.
i) Alles miteinander vermischen.
j) Den Koriander in die Schüssel geben.
k) Den Reis mischen und einige Minuten braten.
l) Den Reis in Schüsseln füllen.
m) Die Eier einzeln anbraten.
n) Legen Sie das Spiegelei auf die Schüssel.
o) Ihr Gericht ist servierfertig.

60.Würzige Gemüseschüssel

ZUTATEN:
- Zwei Tassen brauner Reis
- Eine Tasse Sriracha-Sauce
- Eine Tasse Gurke
- Zwei Esslöffel eingelegter Rettich
- Ein Esslöffel Sichuanpfeffer
- Ein Esslöffel Reisessig
- Eine Tasse Rotkohl
- Eine Tasse Sprossen
- Zwei Esslöffel geröstete Erdnüsse
- Zwei Tassen Wasser
- Salz nach Geschmack
- Schwarzer Pfeffer nach Geschmack
- Zwei Esslöffel Sojasauce
- Ein Teelöffel zerdrückter Knoblauch

ANWEISUNGEN:
a) Nehmen Sie einen Topf.
b) Geben Sie das Wasser in die Pfanne.
c) Den braunen Reis hinzufügen und etwa zehn Minuten lang gut kochen.
d) Das Gemüse in einer Pfanne kochen.
e) Geben Sie Sichuanpfeffer und die restlichen Gewürze und Soße in die Pfanne.
f) Die Zutaten gut vermischen.
g) Wenn Sie fertig sind, verteilen Sie es.
h) Braunen Reis in eine Schüssel geben.
i) Das Gemüse darüber geben.
j) Ihr Gericht ist servierfertig.

61. Chinesische gemahlene Truthahnschale

ZUTATEN:
- Zwei Teelöffel Reiswein
- Ein Teelöffel Puderzucker
- Ein viertel Teelöffel Sichuanpfeffer
- Zwei Teelöffel gehackte rote Chili
- Schwarzer Pfeffer
- Salz
- Ein Esslöffel gehackter Knoblauch
- Ein Esslöffel Austernsauce
- Ein Esslöffel helle Sojasauce
- Eine halbe Tasse fein gehackte Frühlingszwiebeln
- Zwei Teelöffel Sesamöl
- Vier Teelöffel dunkle Sojasauce
- Zwei Tassen gemahlener Truthahn
- Zwei Tassen gekochter Reis

ANWEISUNGEN:
a) Nehmen Sie eine große Pfanne.
b) Das Öl in einer Pfanne erhitzen und den Truthahn hineingeben.
c) Den gehackten Knoblauch in die Pfanne geben.
d) Den Reiswein in die Pfanne geben.
e) Kochen Sie die Mischung etwa zehn Minuten lang gut, bis sie geröstet sind.
f) Puderzucker, Sichuanpfeffer, rote Chilischote, dunkle Sojasauce, Austernsauce, helle Sojasauce, schwarzen Pfeffer und Salz in die Pfanne geben.
g) Kochen Sie die Zutaten etwa fünfzehn Minuten lang gut.
h) Den Reis in zwei Schüsseln geben.
i) Geben Sie die gekochte Putenmischung darüber.
j) Ihr Gericht ist servierfertig.

62.Hackfleisch-Reisschüsseln

ZUTATEN:
- Zwei Teelöffel Reiswein
- Ein Teelöffel Puderzucker
- Ein viertel Teelöffel Sichuanpfeffer
- Zwei Teelöffel gehackte rote Chili
- Schwarzer Pfeffer
- Salz
- Ein Esslöffel gehackter Knoblauch
- Ein Esslöffel Austernsauce
- Ein Esslöffel helle Sojasauce
- Eine halbe Tasse fein gehackte Frühlingszwiebeln
- Zwei Teelöffel Sesamöl
- Vier Teelöffel dunkle Sojasauce
- Zwei Tassen Hackfleisch
- Zwei Tassen gekochter Reis

ANWEISUNGEN:
a) Nehmen Sie eine große Pfanne.
b) Das Öl in einer Pfanne erhitzen und das Rindfleisch hineingeben.
c) Den gehackten Knoblauch in die Pfanne geben.
d) Den Reiswein in die Pfanne geben.
e) Kochen Sie die Mischung etwa zehn Minuten lang gut, bis sie geröstet sind.
f) Puderzucker, Sichuanpfeffer, rote Chilischote, dunkle Sojasauce, Austernsauce, helle Sojasauce, schwarzen Pfeffer und Salz in die Pfanne geben.
g) Kochen Sie die Zutaten etwa fünfzehn Minuten lang gut.
h) Den Reis in zwei Schüsseln geben.
i) Geben Sie die gekochte Rindfleischmischung darüber.
j) Ihr Gericht ist servierfertig.

63. Knusprige Reisschüssel

ZUTATEN:
- Zwei Tassen gekochter brauner Reis
- Eine Tasse Sriracha-Sauce
- Ein Esslöffel Tamari
- Ein Esslöffel Reisessig
- Salz nach Geschmack
- Schwarzer Pfeffer nach Geschmack
- Zwei Esslöffel Sojasauce
- Ein Teelöffel zerdrückter Knoblauch
- Zwei Esslöffel Speiseöl
- Eine Tasse knuspriges Reisdressing

ANWEISUNGEN:
a) Das Öl in eine Pfanne geben.
b) Gekochten Reis in die Pfanne geben.
c) Den Reis gut vermischen.
d) Knusprig werden lassen.
e) Etwa zehn Minuten kochen lassen.
f) Nimm eine kleine Schüssel.
g) Geben Sie die restlichen Zutaten in die Schüssel.
h) Die Zutaten gut vermischen.
i) Knusprigen Reis in eine Schüssel geben.
j) Die vorbereitete Soße darüber träufeln.
k) Ihr Gericht ist servierfertig.

64.Pikante Klebreisschale

ZUTATEN:
- Ein Esslöffel Austernsauce
- Zwei chinesische Chilischoten
- Eine Tasse Frühlingszwiebeln
- Halber Esslöffel Sojasauce
- Zwei Teelöffel gehackter Knoblauch
- Drei Esslöffel Speiseöl
- Eine halbe Tasse scharfe Soße
- Zwei Tassen gemischtes Gemüse
- Nach Bedarf salzen
- Gehackter frischer Koriander zum Garnieren
- Eine Tasse Wurst
- Eine Tasse gekochter Klebreis

ANWEISUNGEN:
a) Nehmen Sie eine große Pfanne.
b) Geben Sie das Speiseöl in die Pfanne und erhitzen Sie es.
c) Das Gemüse und die Frühlingszwiebeln in die Pfanne geben und unter Rühren anbraten.
d) Die Würstchen dazugeben und gut anbraten.
e) Den gehackten Knoblauch in die Pfanne geben.
f) Fügen Sie der Mischung Sojasauce, Fischsauce, chinesische Chilischoten, scharfe Sauce und die restlichen Zutaten hinzu.
g) Kochen Sie das Gericht zehn Minuten lang.
h) Verteilen Sie die Zutaten.
i) Den Klebreis in Schüsseln füllen.
j) Die vorbereitete Mischung darüber geben.
k) Die Schalen mit gehackten frischen Korianderblättern garnieren.
l) Ihr Gericht ist servierfertig.

65. Schüssel mit Hoisin-Rindfleisch

ZUTATEN:
- Zwei Tassen brauner Reis
- Eine Tasse Hoisinsauce
- Ein Esslöffel Sichuanpfeffer
- Ein Esslöffel Reisessig
- Zwei Tassen Rindfleischstreifen
- Zwei Tassen Wasser
- Salz nach Geschmack
- Schwarzer Pfeffer nach Geschmack
- Zwei Esslöffel Sojasauce
- Ein Teelöffel zerdrückter Knoblauch

ANWEISUNGEN:
a) Nehmen Sie einen Topf.
b) Geben Sie das Wasser in die Pfanne.
c) Den braunen Reis hinzufügen und etwa zehn Minuten lang gut kochen.
d) Die Rindfleischstreifen in einer Pfanne anbraten.
e) Hoisinsauce und die restlichen Gewürze und Sauce in die Pfanne geben.
f) Die Zutaten gut vermischen.
g) Wenn Sie fertig sind, verteilen Sie es.
h) Braunen Reis in eine Schüssel geben.
i) Die Rindfleischmischung darüber geben.
j) Ihr Gericht ist servierfertig.

66. Reisschüssel mit Schweinefleisch und Ingwer

ZUTATEN:
- Zwei Teelöffel Reiswein
- Ein viertel Teelöffel Sichuanpfeffer
- Schwarzer Pfeffer
- Salz
- Ein Esslöffel gehackter Ingwer
- Ein Esslöffel Austernsauce
- Ein Esslöffel helle Sojasauce
- Zwei Teelöffel Sesamöl
- Vier Teelöffel dunkle Sojasauce
- Zwei Tassen Schweinehackfleisch
- Zwei Tassen gekochter Reis

ANWEISUNGEN:
a) Nehmen Sie eine große Pfanne.
b) Das Öl in einer Pfanne erhitzen und das Schweinefleisch hineingeben.
c) Den gehackten Ingwer in die Pfanne geben.
d) Den Reiswein in die Pfanne geben.
e) Kochen Sie die Mischung etwa zehn Minuten lang gut, bis sie geröstet sind.
f) Puderzucker, Sichuanpfeffer, rote Chilischote, dunkle Sojasauce, Austernsauce, helle Sojasauce, schwarzen Pfeffer und Salz in die Pfanne geben.
g) Kochen Sie die Zutaten etwa fünfzehn Minuten lang gut.
h) Den Reis in zwei Schüsseln geben.
i) Geben Sie die gekochte Schweinefleischmischung darüber.
j) Ihr Gericht ist servierfertig.

67. Vegane Poke Bowl mit Sesamsauce

ZUTATEN:
- Eine Tasse Edamame
- Eine gehackte Karotte
- Zwei Tassen Reis
- Zwei Tassen geschnittene Avocado
- Eine Tasse Sesamsauce
- Eine Tasse Gurke
- Eine Tasse Rotkohl
- Eine Tasse knusprige Tofuwürfel
- Zwei Esslöffel Ingwer
- Ein Esslöffel Reisessig
- Zwei Tassen Wasser
- Salz nach Geschmack
- Schwarzer Pfeffer nach Geschmack
- Zwei Esslöffel helle Sojasauce
- Zwei Esslöffel dunkle Sojasauce
- Ein Teelöffel zerdrückter Knoblauch

ANWEISUNGEN:
a) Nehmen Sie einen Topf.
b) Geben Sie das Wasser in die Pfanne.
c) Den Reis dazugeben und etwa zehn Minuten lang gut kochen lassen.
d) Zutaten außer der Sesamsauce hinzufügen in eine Schüssel.
e) Die Zutaten gut vermischen.
f) Braunen Reis in eine Schüssel geben.
g) Gemüse und Tofu darüber geben.
h) Die Sesamsauce darüber träufeln.
i) Ihr Gericht ist servierfertig.

68. Chili-Hähnchen- Reisschüssel

ZUTATEN:
- Ein Teelöffel weiße Pfefferkörner
- Ein Teelöffel frischer Ingwer
- Ein Esslöffel Fischsauce
- Ein Esslöffel Sojasauce
- Halber Teelöffel chinesisches Fünf-Gewürz-Gewürz
- Zwei Esslöffel Chili-Knoblauch-Sauce
- Eine Tasse chinesisches rotes Chili
- Ein Teelöffel gehacktes Zitronengras
- Ein Teelöffel gehackter Knoblauch
- Zwei Teelöffel Sesamöl
- Eine Tasse Hähnchenstücke
- Zwei Tassen gekochter Reis

ANWEISUNGEN:
a) Nimm einen Wok.
b) Gehacktes Zitronengras, weiße Pfefferkörner, gehackten Knoblauch, chinesisches Fünf-Gewürz, rote Chilis, Basilikumblätter und Ingwer in den Wok geben.
c) Nehmen Sie eine beschichtete Bratpfanne.
d) Das Huhn in die Pfanne geben.
e) Kochen Sie die Zutaten und verteilen Sie sie.
f) Die Soßen in die Wok-Mischung geben.
g) Kochen Sie das Gericht zehn Minuten lang.
h) Fügen Sie das Huhn hinzu und kochen Sie es fünf Minuten lang.
i) Die restlichen Zutaten untermischen.
j) Kochen Sie das Gericht noch fünf Minuten lang.
k) Geben Sie den Reis in zwei Schüsseln.
l) Geben Sie die Hühnermischung darüber.
m) Ihr Gericht ist servierfertig.

69.Tofu-Buddha- Schüssel

ZUTATEN:
- Ein Esslöffel Austernsauce
- Zwei chinesische Chilischoten
- Ein Esslöffel Fischsauce
- Halber Esslöffel Sojasauce
- Zwei Teelöffel gehackter Knoblauch
- Drei Esslöffel Speiseöl
- Eine halbe Tasse scharfe Soße
- Zwei Tassen gemischtes Gemüse
- Zwei Tassen Tofuwürfel
- Nach Bedarf salzen
- Gehackter frischer Koriander zum Garnieren
- Zwei Tassen gekochter Reis
- Eine Tasse geröstete Erdnüsse
- Eine Tasse Buddha-Dressing

ANWEISUNGEN:
a) Nehmen Sie eine große Pfanne.
b) Geben Sie das Speiseöl in die Pfanne und erhitzen Sie es.
c) Geben Sie das Gemüse und den Tofu in die Pfanne und braten Sie alles an.
d) Den gehackten Knoblauch in die Pfanne geben.
e) Fügen Sie der Mischung Sojasauce, Fischsauce, chinesische Chilischoten, scharfe Sauce und die restlichen Zutaten hinzu.
f) Kochen Sie das Gericht zehn Minuten lang und fügen Sie etwas Currywasser hinzu.
g) Verteilen Sie die Zutaten.
h) Den Reis in Schüsseln füllen.
i) Die vorbereitete Mischung und das Dressing darüber geben.
j) Die Schalen mit gehackten frischen Korianderblättern garnieren.
k) Ihr Gericht ist servierfertig.

70. Dan Reisschüssel

ZUTATEN:
- Eine Tasse Schweinehackfleisch
- Ein Esslöffel Sriracha-Sauce
- Eine halbe Tasse gehackter Sellerie
- Eine halbe Tasse geschnittene Frühlingszwiebeln
- Ein Teelöffel Reiswein
- Ein Teelöffel frischer Ingwer
- Ein Esslöffel Sojasauce
- Halber Teelöffel chinesisches Fünf-Gewürz-Gewürz
- Eine halbe Tasse frische Korianderblätter
- Eine halbe Tasse frische Basilikumblätter
- Eine Tasse Rinderbrühe
- Ein Teelöffel gehackter Knoblauch
- Zwei Esslöffel Pflanzenöl
- Zwei Tassen gekochter Reis

ANWEISUNGEN:
a) Nimm einen Wok.
b) Die Gewürze in den Wok geben.
c) Geben Sie die Rinderbrühe und die Soßen in die Wok-Mischung.
d) Kochen Sie das Gericht zehn Minuten lang.
e) Fügen Sie das Schweinefleisch zur Mischung hinzu.
f) Mischen Sie das Schweinefleisch gut und kochen Sie es fünf Minuten lang.
g) Kochen Sie die Zutaten gut und vermischen Sie sie mit den restlichen Zutaten.
h) Reduzieren Sie die Hitze des Herdes.
i) Geben Sie die trockenen Nudeln und das Wasser in einen separaten Topf.
j) Den gekochten Reis in Schüsseln geben.
k) Die gekochte Mischung darüber geben.
l) Den Koriander darüber geben.
m) Ihr Gericht ist servierfertig.

71.Schüssel mit gemahlenem Hühnerreis

ZUTATEN:
- Zwei Teelöffel Reiswein
- Ein Teelöffel Puderzucker
- Ein viertel Teelöffel Sichuanpfeffer
- Zwei Teelöffel gehackte rote Chili
- Schwarzer Pfeffer
- Salz
- Ein Esslöffel gehackter Knoblauch
- Ein Esslöffel Austernsauce
- Ein Esslöffel helle Sojasauce
- Eine halbe Tasse fein gehackte Frühlingszwiebeln
- Zwei Teelöffel Sesamöl
- Vier Teelöffel dunkle Sojasauce
- Zwei Tassen gehacktes Hühnchen
- Zwei Tassen gekochter Reis

ANWEISUNGEN:
a) Nehmen Sie eine große Pfanne.
b) Das Öl in einer Pfanne erhitzen und das Hähnchen darin anbraten.
c) Den gehackten Knoblauch in die Pfanne geben.
d) Den Reiswein in die Pfanne geben.
e) Kochen Sie die Mischung etwa zehn Minuten lang gut, bis sie geröstet sind.
f) Puderzucker, Sichuanpfeffer, rote Chilischote, dunkle Sojasauce, Austernsauce, helle Sojasauce, schwarzen Pfeffer und Salz in die Pfanne geben.
g) Kochen Sie die Zutaten etwa fünfzehn Minuten lang gut.
h) Den Reis in zwei Schüsseln geben.
i) Geben Sie die gekochte Hühnermischung darüber.
j) Ihr Gericht ist servierfertig.

72. Zitronennudelschüssel

ZUTATEN:
- Eine Tasse Reisnudeln
- Eine halbe Tasse Zitronensaft
- Eine Tasse Zwiebel
- Eine Tasse Wasser
- Zwei Esslöffel gehackter Knoblauch
- Zwei Esslöffel gehackter Ingwer
- Eine halbe Tasse Koriander
- Zwei Tassen Gemüse
- Zwei Esslöffel Olivenöl
- Eine Tasse Gemüsebrühe
- Eine Tasse gehackte Tomaten

ANWEISUNGEN:
a) Nimm eine Pfanne.
b) Öl und Zwiebeln hinzufügen.
c) Kochen Sie die Zwiebeln, bis sie weich werden und duften.
d) Gehackten Knoblauch und Ingwer dazugeben.
e) Kochen Sie die Mischung und fügen Sie die Tomaten hinzu.
f) Die Gewürze hinzufügen.
g) Reisnudeln und Zitronensaft dazugeben.
h) Die Zutaten sorgfältig vermischen und die Pfanne abdecken.
i) Das Gemüse und die restlichen Zutaten hinzufügen.
j) Zehn Minuten kochen lassen.
k) Teilen Sie es auf zwei Schüsseln auf.
l) Koriander darüber geben.
m) Ihr Gericht ist servierfertig.

73. Hühnchen-Reisschüssel mit Knoblauch und Soja

ZUTATEN:
- Zwei Teelöffel Reiswein
- Eine Tasse Soja
- Ein viertel Teelöffel Sichuanpfeffer
- Zwei Teelöffel gehackte rote Chili
- Schwarzer Pfeffer
- Salz
- Eine Tasse Hähnchenstücke
- Ein Esslöffel gehackter Knoblauch
- Zwei Esslöffel Sesamöl
- Vier Teelöffel dunkle Sojasauce
- Zwei Tassen gekochter Reis
- Zwei Esslöffel gehackte Frühlingszwiebeln

ANWEISUNGEN:
a) Nehmen Sie eine große Pfanne.
b) Das Öl in einer Pfanne erhitzen.
c) Den gehackten Knoblauch in die Pfanne geben.
d) Hähnchen, Reiswein und Soja in die Pfanne geben.
e) Kochen Sie die Mischung etwa zehn Minuten lang gut, bis sie geröstet sind.
f) Szechuanpfeffer, rote Chilischote, dunkle Sojasauce, schwarzen Pfeffer und Salz in die Pfanne geben.
g) Kochen Sie die Zutaten etwa fünfzehn Minuten lang gut.
h) Den Reis auf zwei Schüsseln verteilen.
i) Die Mischung darüber geben.
j) Das Gericht mit gehackten Frühlingszwiebeln garnieren.
k) Ihr Gericht ist servierfertig.

VIETNAMESISCHES COMFORT-FOOD

74. Banh Mi Reisschüssel

ZUTATEN:
- Zwei Tassen gekochter Reis
- Ein Teelöffel Fischsauce
- Eine Tasse geriebener Kohl
- Eine Tasse gehackte Frühlingszwiebeln
- Zwei Esslöffel gehackter Koriander
- Eine Tasse Schweinefiletstücke
- Eine Tasse eingelegtes Gemüse
- Zwei Esslöffel Olivenöl
- Eine Tasse Sriracha-Mayonnaise
- Salz nach Geschmack
- Schwarzer Pfeffer nach Geschmack

ANWEISUNGEN:
a) Nimm eine Pfanne.
b) Das Öl in die Pfanne geben.
c) Schweinefleisch, Salz und schwarzen Pfeffer hinzufügen.
d) Etwa zehn Minuten lang gut kochen lassen.
e) Wenn Sie fertig sind, verteilen Sie es.
f) Den Reis auf zwei Schüsseln verteilen.
g) Das Schweinefleisch, das eingelegte Gemüse, die Sriracha-Mayonnaise und die restlichen Zutaten darüber geben.
h) Mit Koriander darüber garnieren.
i) Ihr Gericht ist servierfertig.

75. Rindfleisch und knuspriger Reis

ZUTATEN:
- Zwei Tassen gekochter brauner Reis
- Eine Tasse Sriracha-Sauce
- Ein Esslöffel Fischsauce
- Eine Tasse gekochte Rindfleischstreifen
- Ein Esslöffel Reisessig
- Salz nach Geschmack
- Schwarzer Pfeffer nach Geschmack
- Zwei Esslöffel Sojasauce
- Ein Teelöffel zerdrückter Knoblauch
- Zwei Esslöffel Speiseöl

ANWEISUNGEN:
a) Das Öl in eine Pfanne geben.
b) Gekochten Reis in die Pfanne geben.
c) Den Reis gut vermischen.
d) Knusprig werden lassen.
e) Etwa zehn Minuten kochen lassen.
f) Alle Saucen und Gewürze in die Mischung geben.
g) Die Zutaten gut vermischen.
h) Knusprigen Reis in eine Schüssel geben.
i) Das gekochte Rindfleisch auf den Reis geben.
j) Ihr Gericht ist servierfertig.

76.Hühnchen und Sirarcha- Reisschüssel

ZUTATEN:
- Zwei Tassen gekochter brauner Reis
- Eine Tasse Sriracha-Sauce
- Ein Esslöffel Fischsauce
- Eine Tasse Hähnchenstreifen
- Ein Esslöffel Reisessig
- Salz nach Geschmack
- Schwarzer Pfeffer nach Geschmack
- Zwei Esslöffel Sojasauce
- Ein Teelöffel zerdrückter Knoblauch
- Zwei Esslöffel Speiseöl

ANWEISUNGEN:
a) Das Öl in eine Pfanne geben.
b) Knoblauch in die Pfanne geben.
c) Den Knoblauch gut vermischen.
d) Knusprig werden lassen.
e) Die Hähnchenstücke hinzufügen.
f) Alle Saucen und Gewürze in die Mischung geben.
g) Die Zutaten gut vermischen.
h) Den gekochten Reis auf zwei Schüsseln verteilen.
i) Das gekochte Hähnchen auf den Reis geben.
j) Ihr Gericht ist servierfertig.

77. Zitronengras-Rindfleisch- Nudelschüssel

ZUTATEN:
- Zwei Tassen Nudeln
- Zwei Tassen Wasser
- Ein Teelöffel Fischsauce
- Eine Tasse Zwiebel
- Eine Tasse Wasser
- Zwei Esslöffel gehackter Knoblauch
- Zwei Esslöffel gehackter Ingwer
- Eine halbe Tasse Koriander
- Zwei Esslöffel getrocknetes Zitronengras
- Zwei Esslöffel Olivenöl
- Eine Tasse Rinderbrühe
- Eine Tasse Rindfleischstreifen
- Eine Tasse gehackte Tomaten

ANWEISUNGEN:
a) Nimm eine Pfanne.
b) Öl und Zwiebeln hinzufügen.
c) Kochen Sie die Zwiebeln, bis sie weich werden und duften.
d) Gehackten Knoblauch und Ingwer dazugeben.
e) Kochen Sie die Mischung und fügen Sie die Tomaten hinzu.
f) Die Gewürze hinzufügen.
g) Geben Sie die Rindfleischstreifen, die Rinderbrühe und die Fischsauce hinzu.
h) Die Zutaten sorgfältig vermischen und die Pfanne abdecken.
i) Zehn Minuten kochen lassen.
j) Nehmen Sie einen Topf.
k) Geben Sie das Wasser in die Pfanne.
l) Die Nudeln hinzufügen und etwa zehn Minuten lang gut kochen.
m) Teilen Sie die Nudeln auf zwei Schüsseln auf.
n) Die Rindfleischmischung und den Koriander darüber geben.
o) Ihr Gericht ist servierfertig.

78. Glasierte Hühnchen- Reisschüssel

ZUTATEN:
- Zwei Teelöffel Reiswein
- Ein viertel Teelöffel Fischsauce
- Schwarzer Pfeffer
- Salz
- Ein Esslöffel gehackter Ingwer
- Ein Esslöffel Austernsauce
- Ein Esslöffel helle Sojasauce
- Eine halbe Tasse fein gehackte Frühlingszwiebeln
- Zwei Teelöffel Sesamöl
- Vier Teelöffel dunkle Sojasauce
- Zwei Tassen glasierte Hähnchenstücke
- Zwei Tassen gekochter Reis

ANWEISUNGEN:
a) Nehmen Sie eine große Pfanne.
b) Den gehackten Ingwer in die Pfanne geben.
c) Den Reiswein in die Pfanne geben.
d) Kochen Sie die Mischung etwa zehn Minuten lang gut, bis sie geröstet sind.
e) Fischsauce, dunkle Sojasauce, Austernsauce, helle Sojasauce, schwarzen Pfeffer und Salz in die Pfanne geben.
f) Kochen Sie die Zutaten etwa fünfzehn Minuten lang gut.
g) Den Reis in zwei Schüsseln geben.
h) Die gekochte Mischung darüber geben.
i) Die glasierten Hähnchenstücke darüber geben.
j) Ihr Gericht ist servierfertig.

79.Knoblauchgarnelen-Fadennudeln

ZUTATEN:
- Eine Tasse Reisnudeln
- Ein Teelöffel Fischsauce
- Eine Tasse Zwiebel
- Eine Tasse Wasser
- Zwei Esslöffel gehackter Knoblauch
- Zwei Esslöffel gehackter Ingwer
- Eine halbe Tasse Koriander
- Zwei Esslöffel Speiseöl
- Eine Tasse Garnelenstücke
- Eine Tasse Gemüsebrühe
- Eine Tasse gehackte Tomaten

ANWEISUNGEN:
a) Nimm eine Pfanne.
b) Öl und Zwiebeln hinzufügen.
c) Kochen Sie die Zwiebeln, bis sie weich werden und duften.
d) Gehackten Knoblauch und Ingwer dazugeben.
e) Kochen Sie die Mischung und fügen Sie die Tomaten hinzu.
f) Die Gewürze hinzufügen.
g) Geben Sie die Garnelenstücke hinein.
h) Die Zutaten sorgfältig vermischen und die Pfanne abdecken.
i) Reisnudeln, Fischsauce und die restlichen Zutaten hinzufügen.
j) Zehn Minuten kochen lassen.
k) Teilen Sie es auf zwei Schüsseln auf.
l) Koriander darüber geben.
m) Ihr Gericht ist servierfertig.

80. Hähnchenknödel- Nudelschüssel

ZUTATEN:
- Ein Esslöffel helle Sojasauce
- Eine halbe Tasse fein gehackte Frühlingszwiebeln
- Zwei Teelöffel Sesamöl
- Vier Teelöffel dunkle Sojasauce
- Zwei Tassen gedämpfte Hähnchenknödel
- Zwei Tassen gekochte Nudeln
- Zwei Teelöffel Reiswein
- Ein viertel Teelöffel Fischsauce
- Schwarzer Pfeffer
- Salz
- Ein Esslöffel gehackter Ingwer
- Ein Esslöffel Austernsauce

ANWEISUNGEN:
a) Nehmen Sie eine große Pfanne.
b) Den gehackten Ingwer in die Pfanne geben.
c) Den Reiswein in die Pfanne geben.
d) Kochen Sie die Mischung etwa zehn Minuten lang gut, bis sie geröstet sind.
e) Fischsauce, dunkle Sojasauce, Austernsauce, helle Sojasauce, schwarzen Pfeffer und Salz in die Pfanne geben.
f) Kochen Sie die Zutaten etwa fünfzehn Minuten lang gut.
g) Die Nudeln in zwei Schüsseln geben.
h) Die gekochte Mischung darüber geben.
i) Die Hähnchenknödel darüber geben.
j) Ihr Gericht ist servierfertig.

81. Hühnchen-Reis-Schüssel

ZUTATEN:
- Zwei Esslöffel gehackter Knoblauch
- Zwei Esslöffel gehackter Ingwer
- Eine halbe Tasse Koriander
- Zwei Esslöffel Speiseöl
- Eine Tasse Hühnerbrühe
- Eine Tasse Hähnchenstücke
- Eine Tasse gehackte Tomaten
- Zwei Tassen Reis
- Zwei Tassen Wasser
- Ein Teelöffel Fischsauce
- Eine Tasse Zwiebel
- Eine Tasse Wasser

ANWEISUNGEN:
a) Nimm eine Pfanne.
b) Öl und Zwiebeln hinzufügen.
c) Kochen Sie die Zwiebeln, bis sie weich werden und duften.
d) Gehackten Knoblauch und Ingwer dazugeben.
e) Kochen Sie die Mischung und fügen Sie die Tomaten hinzu.
f) Die Gewürze hinzufügen.
g) Geben Sie die Hähnchenstücke, die Hühnerbrühe und die Fischsauce hinzu.
h) Die Zutaten sorgfältig vermischen und die Pfanne abdecken.
i) Zehn Minuten kochen lassen.
j) Nehmen Sie einen Topf.
k) Geben Sie das Wasser in die Pfanne.
l) Den Reis dazugeben und etwa zehn Minuten lang gut kochen lassen.
m) Den Reis auf zwei Schüsseln verteilen.
n) Geben Sie die Hühnermischung und den Koriander darüber.
o) Ihr Gericht ist servierfertig.

82. Würzige Rindfleisch- Reisschüssel

ZUTATEN:
- Eine halbe Tasse Koriander
- Zwei Esslöffel rote Chilischote
- Zwei Esslöffel Olivenöl
- Eine Tasse Rinderbrühe
- Eine Tasse Rindfleischstreifen
- Eine Tasse gehackte Tomaten
- Zwei Tassen brauner Reis
- Zwei Tassen Wasser
- Ein Teelöffel Fischsauce
- Eine Tasse Zwiebel
- Eine Tasse Wasser
- Zwei Esslöffel gehackter Knoblauch
- Zwei Esslöffel gehackter Ingwer

ANWEISUNGEN:
a) Nimm eine Pfanne.
b) Öl und Zwiebeln hinzufügen.
c) Kochen Sie die Zwiebeln, bis sie weich werden und duften.
d) Gehackten Knoblauch und Ingwer dazugeben.
e) Kochen Sie die Mischung und fügen Sie die Tomaten hinzu.
f) Die Gewürze hinzufügen.
g) Fügen Sie die Rindfleischstreifen, die rote Chilischote, die Rinderbrühe und die Fischsauce hinzu.
h) Die Zutaten sorgfältig vermischen und die Pfanne abdecken.
i) Zehn Minuten kochen lassen.
j) Nehmen Sie einen Topf.
k) Geben Sie das Wasser in die Pfanne.
l) Den braunen Reis hinzufügen und etwa zehn Minuten lang gut kochen.
m) Den braunen Reis auf zwei Schüsseln verteilen.
n) Die Rindfleischmischung und den Koriander darüber geben.
o) Ihr Gericht ist servierfertig.

83. Karamellisierte Hühnerschüssel

ZUTATEN:
- Eine halbe Tasse fein gehackte Frühlingszwiebeln
- Zwei Teelöffel Sesamöl
- Vier Teelöffel dunkle Sojasauce
- Zwei Tassen gekochte Hähnchenstücke
- Zwei Esslöffel Zucker
- Zwei Tassen gekochter Reis
- Zwei Teelöffel Reiswein
- Ein viertel Teelöffel Fischsauce
- Schwarzer Pfeffer
- Salz
- Ein Esslöffel gehackter Ingwer
- Ein Esslöffel Austernsauce
- Ein Esslöffel helle Sojasauce

ANWEISUNGEN:
a) Nehmen Sie eine große Pfanne.
b) Den gehackten Ingwer in die Pfanne geben.
c) Den Reiswein in die Pfanne geben.
d) Kochen Sie die Mischung etwa zehn Minuten lang gut, bis sie geröstet sind.
e) Fischsauce, dunkle Sojasauce, Austernsauce, helle Sojasauce, schwarzen Pfeffer und Salz in die Pfanne geben.
f) Kochen Sie die Zutaten etwa fünfzehn Minuten lang gut.
g) Wenn Sie fertig sind, verteilen Sie es.
h) Zucker in die Pfanne geben und schmelzen lassen.
i) Die gekochten Hähnchenstücke dazugeben und gut vermischen.
j) Fünf Minuten kochen lassen.
k) Den Reis in zwei Schüsseln geben.
l) Die gekochte Mischung darüber geben.
m) Das karamellisierte Hähnchen darüber geben.
n) Ihr Gericht ist servierfertig.

THAI COMFORT FOOD

84. Thailändisches Erdnuss-Kokos-Blumenkohl-Kichererbsen-Curry

ZUTATEN:
- Kokosöl: ½ Esslöffel
- Knoblauchzehen: 3, gehackt
- Frischer Ingwer: 1 Esslöffel, gerieben
- Große Karotte: 1, in dünne Scheiben geschnitten
- Blumenkohl: 1 kleiner Kopf (3-4 Tassen)
- Frühlingszwiebeln: 1 Bund, gewürfelt
- Kokosmilch: 1 Dose (Lite) (15 Unzen)
- Vegetarische Brühe oder Wasser: 1 Drittel Tasse
- Rote Currypaste: 2 Esslöffel
- Erdnussbutter (oder Cashewbutter): 2 Esslöffel
- Glutenfreie Sojasauce oder Kokosnuss-Aminosäuren: ½ Esslöffel
- Gemahlener Kurkuma: ½ Teelöffel
- gemahlener roter Cayennepfeffer: ½ Teelöffel
- Salz: ½ Teelöffel
- Roter Pfeffer: 1 (Julienned)
- Kichererbsen: 1 Dose (15 Unzen) (gespült und abgetropft)
- Gefrorene Erbsen: ½ Tasse
- Zum Garnieren:
- Frischer Koriander
- Grüne Zwiebel
- Erdnüsse oder Cashewnüsse, gehackt

ANWEISUNGEN:
a) Einen großen Topf erhitzen. Kochen Sie Kokosöl, Knoblauch und Ingwer 30 Sekunden lang, bevor Sie die Frühlingszwiebel-, Karotten- und Blumenkohlröschen hinzufügen.
b) Anschließend Kokosmilch, Sojasauce/Kokosnuss-Aminosäuren, Wasser, Kurkuma, Erdnussbutter, roten Cayennepfeffer, Currypaste und Salz verrühren.
c) Dann Paprika und Kichererbsen hinzufügen und 10 Minuten kochen lassen.
d) Die gefrorenen Erbsen einrühren und eine weitere Minute kochen lassen.
e) Zum Garnieren gehackte Erdnüsse/Cashewnüsse, Frühlingszwiebeln und Koriander hinzufügen.

85.Gebratene Zucchini und Ei

ZUTATEN:
- Zucchini: 1, geschält und gewürfelt
- Eier: 2
- Wasser: 2 Esslöffel
- Sojasauce: 1 Esslöffel
- Austernsauce: ½ Esslöffel
- Fein gehackter Knoblauch: 2 Zehen
- Zucker: ½ Esslöffel

ANWEISUNGEN:

a) In einem Wok 2 Esslöffel Speiseöl bei starker Hitze erhitzen.

b) Gehackte Knoblauchzehen hinzufügen und etwa 15 Sekunden braten.

c) 1 geschälte und gewürfelte Zucchini hinzufügen und 1 Minute lang mit dem Knoblauch anbraten.

d) Schieben Sie die Zucchini auf eine Seite des Woks und schlagen Sie zwei Eier auf die durchsichtige Seite. Rühren Sie die Eier einige Sekunden lang um, bevor Sie sie mit den Zucchini vermischen.

e) In einem Wok ½ Esslöffel Zucker, 1 Esslöffel Sojasauce, ½ Esslöffel Austernsauce und 2 Esslöffel Wasser vermischen.

f) Weitere 2 bis 3 Minuten unter Rühren braten, bis die Zucchini weich sind und den Geschmack der Soße aufgenommen haben. Anschließend mit einer Beilage gedünstetem Reis servieren.

86. Veggie Pad Thai

ZUTATEN:
FÜR DAS PAD THAI:
- Breite Reisnudeln: 200 Gramm (7 oz)
- Erdnussöl: 2 Esslöffel
- Frühlingszwiebeln: 2, in Scheiben geschnitten
- Knoblauchzehen: 1-2 (fein geschnitten)
- Scharfe rote Chili: 1 (fein geschnitten)
- Kleiner Brokkoli: ½ (in Röschen geschnitten)
- Rote Paprika: 1 (fein geschnitten)
- Karotten: 2 (mit einem Schnellschäler in Streifen geschnitten)
- Geröstete und ungesalzene Erdnüsse: ¼ Tasse (30 Gramm, zerstoßen)
- Frischer Koriander: 1 Handvoll (zum Garnieren)
- Limette: 1 zum Servieren

FÜR DIE SOSSE:
- Glutenfreie Sojasauce: 5 Esslöffel
- Ahornsirup: 2-3 Esslöffel (nach Geschmack anpassen)

ANWEISUNGEN:

a) Reisnudeln kochen, abtropfen lassen, dann mit etwas Öl vermengen, damit sie nicht zusammenkleben, und beiseite stellen.
b) In einer Bratpfanne 1 Esslöffel Öl erhitzen.
c) Frühlingszwiebeln, Knoblauch und Chili hinzufügen und weiterrühren, bis es duftet.
d) In eine separate Servierschüssel geben.
e) In derselben Wok-/Bratpfanne einen weiteren Esslöffel Öl erhitzen und Brokkoli etwa 2 Minuten lang anbraten.
f) Die Paprika- und Karottenstreifen unterrühren, bis sie gar, aber noch knusprig sind.
g) Geben Sie das gesamte Gemüse in eine separate Schüssel.
h) In einer kleinen Tasse alle Saucenzutaten vermischen und die Soße auf den Boden des Woks/der Bratpfanne gießen.
i) Die Nudeln dazugeben und mit der Soße vermischen. Frühlingszwiebeln, Chilis, Knoblauch und gebratenes Gemüse unterrühren und ein bis zwei Minuten aufwärmen lassen.
j) Auf Tellern mit zerstoßenen Erdnüssen, frischem Koriander und Limettensaft servieren, falls gewünscht.

87. Kartoffelpüree mit Chile nach thailändischer Art

ZUTATEN:
- Olivenöl: 4 Esslöffel
- Kleine neue oder Yukon-Goldkartoffeln: 2 Pfund koscheres Salz
- Fischsauce: 2 Esslöffel
- Limettensaft: 2 Esslöffel
- Reisessig: 2 Esslöffel
- Gehacktes Fresno- oder Serrano-Chili: 1 Esslöffel oder Rot-
- Pfefferflocken: ½ Teelöffel (plus mehr nach Geschmack)
- Sojasauce oder Tamari: 1 Teelöffel
- Kristallzucker: 1 Teelöffel
- Knoblauchzehe: 1, gerieben
- Grob gehackter frischer Koriander: ¼ Tasse
- Dünn geschnittene Frühlingszwiebeln: ¼ Tasse (weiße und grüne Teile)

ANWEISUNGEN:
a) Heizen Sie den Ofen auf 450 Grad Fahrenheit vor.
b) Das Blech rundherum mit 1 EL Olivenöl bestreichen.
c) Kochen Sie die Kartoffeln mit 1 Zoll und 2 Esslöffeln Salz in einem großen Topf.
d) Ohne Deckel 15 bis 18 Minuten weiterkochen, oder bis die Kartoffeln gabelweich sind. Die gekochten Kartoffeln in einem Sieb abtropfen lassen.
e) In der Zwischenzeit Fischsauce, Sojasauce, Limettensaft, Chili, Reisessig, Zucker und Knoblauch in einer kleinen Tasse vermischen und dann die Frühlingszwiebeln und den Koriander hinzufügen.
f) Legen Sie die Kartoffeln auf das vorbereitete Blech.
g) Jede Kartoffel vorsichtig mit dem Boden eines Messbechers zerdrücken, bis sie etwa ½ Zoll dick ist. Die restlichen 3 Esslöffel Olivenöl über die Kartoffeln träufeln und wenden, sodass beide Seiten gleichmäßig bedeckt sind.
h) Nach dem Würzen mit einem halben Teelöffel Salz 30 bis 40 Minuten lang rösten, bis es goldbraun und knusprig ist.
i) Legen Sie die Kartoffeln auf eine Servierplatte, würzen Sie sie leicht mit Salz und gießen Sie die Sauce darüber. Sofort servieren, garniert mit Korianderblättern.

88. Spaghetti-Kürbis-Pad Thai

ZUTATEN:
FÜR DIE SOSSE:
- Tamari/Sojasauce: 3 Esslöffel
- Süße Chilisauce: 3 Esslöffel
- Reisweinessig: 1 Esslöffel

FÜR DAS PAD THAI:
- Spaghettikürbis: 1 mittelgroß
- Extra natives Olivenöl: (zum Beträufeln)
- Meersalz: (zum Würzen)
- Geröstetes Erdnussöl: 2 Esslöffel
- Extrafester Tofu: 14 Unzen (abgetropft, gepresst und gewürfelt)
- Maisstärke: 2 Esslöffel
- Brokkoli: 1 kleiner Kopf (nur Röschen und gehackt)
- Frühlingszwiebeln: 5, in Scheiben geschnitten
- Knoblauchzehen: 3 mittelgroße, gehackt
- Sojasprossen: 1 gehäufte Tasse

ZUM SERVIEREN:
- Sriracha
- Geröstete Erdnüsse: (zerkleinert)
- Limettenspalten
- Frischer Koriander, gehackt

ANWEISUNGEN:

a) Heizen Sie den Ofen auf 400 Grad Fahrenheit vor.
b) Kratzen Sie die Kerne aus dem Spaghettikürbis, indem Sie ihn der Länge nach halbieren. Mit Olivenöl beträufeln, salzen und mit der Schnittfläche nach oben auf das Backblech legen.
c) 1 Stunde lang rösten, oder bis es weich ist. Gießen Sie die restliche Flüssigkeit ab und kratzen Sie den Spaghettikürbis mit einer Gabel in Streifen. Leg es zur Seite.
d) In der Zwischenzeit die Soße zubereiten: In einer kleinen Rührschüssel alle Zutaten vermischen und verrühren. Beiseite legen.
e) Bei mittlerer Hitze eine große Pfanne erhitzen. Den Tofu mit der Maisstärke in einer Rührschüssel vermischen. Den Tofu in der Pfanne mit dem Erdnussöl goldbraun braten.
f) Den Brokkoli hinzufügen und 3 Minuten kochen lassen.
g) Sojasprossen, Frühlingszwiebeln, Spaghettikürbis und Knoblauch in einer großen Rührschüssel vermischen.
h) Die Soße einrühren, sodass die Nudeln gleichmäßig bedeckt sind.
i) Mit Limettenschnitzen, Erdnüssen, Sriracha und Koriander als Beilage servieren.

89. Gedämpfte Teigtaschen mit Shiitake-Pilzen

ZUTATEN:
- Knödelpapier: 1 Packung (rund und gefroren)
- Bananenblatt: 1

FÜR DIE FÜLLUNG:
- Shitake-Pilze: 3 Tassen (frisch und in Scheiben geschnitten)
- Tofu: 1 Tasse (gewürfelt, mittelfest)
- Galgant: 2,5–5 cm großes Stück (oder geschnittener Ingwer)
- Knoblauch: 3-4 Zehen
- Frühlingszwiebeln: 2, in Scheiben geschnitten
- Koriander: ½ Tasse (Blätter und Stängel) (frisch und gehackt)
- Weißer Pfeffer: ¼ Teelöffel
- Sojasauce: 3 Esslöffel
- Sesamöl: 2 Esslöffel
- Chilisauce: 1 Teelöffel (oder mehr, wenn Sie es scharf mögen)
- Vegetarische Hühnerbrühe/Gemüsebrühe: ¼ Tasse

FÜR DIE KNÖDEL:
- Maisstärke/Mehl: 1-2 Esslöffel
- Sojasauce: zum Garnieren

ANWEISUNGEN:

a) Lassen Sie das Bananenblatt mindestens 30 Minuten auftauen.
b) Einen Dampfgarer mit 1 oder 2 Lagen Bananenblättern auslegen.
c) Alle Füllzutaten in einer Küchenmaschine vermischen und verarbeiten, bis sie sehr fein gehackt sind, aber keine Paste entsteht.
d) Jeweils 6 Knödelhüllen auf einmal auf eine saubere Arbeitsfläche legen. Bereiten Sie auch eine kleine Schüssel mit Wasser vor, um die Knödel zu versiegeln.
e) Geben Sie 1 Teelöffel der Füllung in die Mitte jeder Hülle.
f) Befeuchten Sie dann die Außenseite der Verpackung mit Ihren in Wasser getauchten Fingern (oder einem Backpinsel).
g) Um die Verpackung zu schließen, legen Sie die Seiten nach oben über die Füllung und drücken Sie sie zusammen. Um eine dekorative Kante zu erhalten, kneifen Sie entlang der Naht.
h) Die Knödel sofort dämpfen oder abdecken und bis zu 3 Stunden kalt stellen.
i) Dämpfen Sie die Knödel, geben Sie sie in einen mit Bananenblättern ausgelegten Dampfgarer (sie können sich berühren) und dämpfen Sie sie 15 bis 20 Minuten lang, bis die Pilze gar sind.
j) Vor dem Servieren mit Sojasauce und Chilisauce vermengen.

90. Thailändischer Tofu-Satay

ZUTATEN:
SATAY
- Fester Tofu: 14 oz (gefroren und aufgetaut)
- Vollfette Kokosmilch: ¼ Tasse
- Knoblauchzehen: 3, gehackt
- Ingwer: 2 Teelöffel, gerieben
- Currypaste: 1 Esslöffel
- Ahornsirup: 1 Esslöffel
- Natriumarme Sojasauce: 2 Esslöffel
- Bambusspieße: zehn
- Koriander: nach Geschmack
- Limette: nach Geschmack
- Erdnüsse: zum Garnieren, gehackt

ERDNUSSSOSSE
- Cremige Erdnussbutter: ¼ Tasse
- Warmes Wasser: 2 Esslöffel
- Currypaste: 1 Esslöffel
- Ahornsirup: 1 Esslöffel
- Sojasauce: ½ Esslöffel
- Reisessig: ½ Esslöffel
- Limettensaft: 1 Esslöffel
- Knoblauch: ½ Teelöffel, gehackt
- Sesamöl: ½ Teelöffel
- Sriracha: ½ Esslöffel

ANWEISUNGEN:

a) In einer Rührschüssel die Zutaten für die Marinade vermischen , dann den aufgetauten Tofu dazugeben und vorsichtig umrühren, bis alle Stücke bedeckt sind.

b) Heizen Sie den Ofen auf 400 Grad Fahrenheit vor. Den marinierten Tofu in kleine Stücke reißen und auf Spieße stecken.

c) Auf einem mit Backpapier ausgelegten Backblech 30–35 Minuten backen, dabei zur Hälfte wenden.

d) Schalten Sie den Grill zum Schluss für 4-5 Minuten ein, damit die Spieße knusprig werden und verkohlte Ränder entstehen (nicht verbrennen!).

e) In einer kleinen Tasse alle Zutaten für die Erdnusssauce verrühren, bis eine glatte Masse entsteht.

f) Mit Soße beträufelt und mit gehacktem Koriander und Erdnüssen garniert servieren.

91. Gebratene thailändische Nudeln mit Gemüse

ZUTATEN:
- Weizennudeln nach chinesischer Art: 5–8 Unzen (oder Eiernudeln)
- Pflanzenöl: 2-3 Esslöffel (zum Braten)
- Knoblauchzehen: 4, gehackt
- Galgant/Ingwer: 2-3 Esslöffel, gerieben
- Schalotten/lila Zwiebel: ¼ Tasse, gehackt
- Karotte: 1, in Scheiben geschnitten
- Shiitake-Pilze: 5-8, in Scheiben geschnitten
- Brokkoli: 1 kleiner Kopf (in Röschen geschnitten)
- Rote Paprika: 1 klein, in Scheiben geschnitten
- Sojasprossen: 2 Tassen
- Garnitur: frischer Koriander/Basilikum
- Pfannensauce:
- Frischer Limettensaft: 3 Esslöffel (oder mehr nach Geschmack)
- Sojasauce: 3 Esslöffel (oder mehr nach Geschmack)
- Fischsauce: 1 Esslöffel (oder mehr nach Geschmack)
- Reisessig: 3 Esslöffel (oder Weißweinessig)
- Austernsauce: 3 Esslöffel
- Teelöffel Zucker: 1 ½-2 Teelöffel (oder mehr nach Geschmack)
- Weißer Pfeffer: ¼ Esslöffel
- Getrocknetes, zerkleinertes Chili: ½ – ¾ Teelöffel (oder mehr nach Geschmack)

ANWEISUNGEN:
a) Die Nudeln in leicht gesalzenem Wasser al dente kochen, abgießen und mit kaltem Wasser abschrecken.
b) In einer Tasse alle Zutaten für die Pfannensauce vermischen und gut umrühren, um den Zucker zu schmelzen. Beiseite legen.
c) Erhitzen Sie bei mittlerer bis hoher Hitze einen Wok oder eine große Bratpfanne.
d) Knoblauch, Schalotte und Ingwer 1 Minute im Öl anbraten.
e) Fügen Sie die Karotten und 1 bis 2 Esslöffel der zuvor zubereiteten Pfannensauce hinzu.
f) Unter Rühren braten, bis die Karotten leicht weich sind.

g) Fügen Sie 3 bis 4 Teelöffel der Pfannensauce sowie die rote Paprika, den Brokkoli und die Pilze hinzu.
h) Unter Rühren weiterbraten, bis die Pilze und die rote Paprika weich werden und der Brokkoli hellgrün, aber immer noch knusprig wird.
i) Die Nudeln und die restliche Pfannensauce in einer großen Rührschüssel vermengen.
j) In der letzten Garminute die Sojasprossen unterheben.
k) Sofort in Schüsseln oder Tellern servieren und mit frischem Koriander oder Basilikum bestreuen.

92. Thailändische Reisnudeln mit Basilikum

ZUTATEN:
- Thailändische Reisnudeln: 6 bis 10 Unzen
- Pflanzenöl: 2 Esslöffel (zum Braten)

FÜR DEN BElag:
- 1 Handvoll Basilikum: zum Garnieren, frisch
- 1 Handvoll Cashewnüsse: zum Garnieren (gehackt/gemahlen)

FÜR DIE BASILIKUM-SAUCE:
- Basilikum: ½ Tasse, frisch
- Trockene Cashewnüsse: ⅓ Tasse (trocken geröstet und ungesalzen)
- Knoblauchzehen: 3-4
- Kokos-/Olivenöl: 4 Esslöffel
- Limettensaft: 1 Esslöffel (frisch gepresst)
- Fischsauce/Sojasauce für Vegetarier: 1 Esslöffel
- 1 Chili: optional

ANWEISUNGEN:
a) Das Wasser in einem Topf zum Kochen bringen, vom Herd nehmen und die Nudeln hinzufügen.
b) Wenn Sie die Soße zubereiten, weichen Sie die Nudeln ein.
c) Anschließend sollten die Nudeln abgetropft und mit kaltem Wasser abgespült werden, um ein Anhaften zu vermeiden.
d) In einem Minizerkleinerer alle Zutaten für die Basilikumsauce vermengen und alles pürieren.
e) Bei mittlerer bis hoher Hitze das Öl in eine große Bratpfanne geben und verrühren, bevor die Nudeln hinzugefügt werden.
f) Fügen Sie 2 Esslöffel der Soße hinzu, bis die gewünschte Weichheit erreicht ist.
g) Nehmen Sie die Pfanne vom Herd. Geben Sie die restliche Soße hinzu, um sie gleichmäßig zu verteilen.
h) Mit einer Prise frischem Basilikum und gehackten oder gemahlenen Cashewnüssen servieren.

93. gebratener Ananasreis

ZUTATEN:
- Ananasstücke: 1 kleine Dose, abgetropft/frische Ananasstücke: 1 ½ Tasse
- Gekochter Reis: 3-4 Tassen (am liebsten mehrere Tage alt)
- Gemüse-/Kunsthuhnbrühe: ¼ Tasse
- Schalotten: 2 (fein gehackt)
- Knoblauchzehen: 3 (fein gehackt)
- Rote oder grüne Chili: 1, in dünne Scheiben geschnitten
- Gefrorene Erbsen: ½ Tasse
- Karotte: 1 klein, gerieben
- Johannisbeeren/Rosinen: ¼ Tasse
- Ungesalzene ganze Cashewnüsse: ½ Tasse (geröstet)
- Zwiebeln: 3 (fein geschnitten)
- Koriander: ⅓ Tasse, frisch
- Pfannensauce:
- Sojasauce: 3 Esslöffel
- Currypulver: 2 Teelöffel
- Zucker: ½ Teelöffel

ANWEISUNGEN:

a) Geben Sie 1 Esslöffel Öl unter den Reis, zerkleinern Sie eventuelle Klümpchen mit den Fingerspitzen und stellen Sie den Reis beiseite.
b) Sojasauce und Currypulver in einer Tasse vermischen und verrühren.
c) In einem Wok/einer großen Bratpfanne bei mittlerer bis hoher Hitze 1–2 Esslöffel Öl beträufeln.
d) Chili, Knoblauch und Schalotten etwa 1 Minute lang einrühren, bis es duftet.
e) Erbsen und Karotten unterrühren.
f) Ananasstücke, Reis, Johannisbeeren, Erbsen und Cashewnüsse in einer Rührschüssel vermengen.
g) Die Fisch-Sojasauce-Mischung mit dem Currypulver darüber träufeln und 5 bis 8 Minuten unter Rühren braten.
h) Schalten Sie den Brenner aus. Probieren Sie die Aromen und passen Sie sie an.
i) Angenommen, es wird auf einer Party in einer ausgeschnittenen Ananas serviert. Mit Koriander und Frühlingszwiebeln servieren und GENIESSEN!

94. Thailändischer Kokosnussreis

ZUTATEN:

- Kokosöl/Pflanzenöl: ½ Teelöffel
- Weißer Thai-Jasminreis: 2 Tassen (gut abgespült)
- Kokosmilch: 2 Tassen (aus der Dose)
- Salz: ½ Teelöffel
- Tassen Wasser: 1 ¾ Tassen

ANWEISUNGEN:

a) In einem Topf mit tiefem Rand das Öl über den gesamten Rand reiben.
b) In einem großen Topf Reis, Salz, Kokosmilch und Wasser vermischen.
c) Hören Sie auf zu rühren, bis die Flüssigkeit leicht zu sprudeln beginnt.
d) Mit einem Deckel fest verschließen und kochen, bis der Reis den größten Teil der Flüssigkeit aufgesogen hat.
e) Ziehen Sie den Reis mit einer Gabel beiseite, um zu sehen, ob er gar ist.
f) Falls noch viel Flüssigkeit übrig ist, einige Minuten länger dämpfen. Schalten Sie den Herd aus, wenn die Flüssigkeit g1 ist.
g) Lassen Sie den abgedeckten Topf weitere 5 bis 10 Minuten oder bis zum Essen bereit auf dem heißen Herd stehen, wobei die Hitze ausgeschaltet ist.
h) Probieren Sie das Salz aus und fügen Sie bei Bedarf eine Prise mehr hinzu. Kombinieren Sie den Reis mit Ihren Lieblingsgerichten für eine köstliche Mahlzeit.

95.Thailändischer gelber Reis

ZUTATEN:
- Pflanzenöl: 2 Esslöffel
- Zwiebel: ¼ Tasse (fein gehackt)
- Knoblauchzehen: 3, gehackt
- Chiliflocken: ⅛-¼ Teelöffel (oder Cayennepfeffer)
- Roter Pfeffer: ¼ Tasse, gewürfelt
- Roma-Tomate: 1, gewürfelt
- Weißer Thai-Jasminreis: 2 Tassen (weißer Basmatireis, ungekocht)
- Hühnerbrühe: 4 Tassen
- Limette: 1, entsaftet
- Fischsauce: 2 Esslöffel (oder Sojasauce)
- Kurkuma: ½ Teelöffel
- Safran: ⅓-¼ Teelöffel
- Gefrorene Erbsen: ¼ Tasse
- Salz: nach Geschmack
- Frischer Basilikum: eine Handvoll zum Garnieren

ANWEISUNGEN:

a) Einen großen Topf bei starker Hitze vorheizen.
b) Gießen Sie das Öl hinein und schwenken Sie es gut.
c) Danach Chili, Zwiebel und Knoblauch hinzufügen.
d) Danach die Tomate und die rote Paprika hinzufügen.
e) Rühren Sie den Reis ein, um ihn gleichmäßig zu bedecken.
f) Dann die Brühe hinzufügen und die Hitze auf eine hohe Stufe erhöhen.
g) Fischsauce, Safran (falls verwendet), Kurkuma und Limettensaft in einer großen Rührschüssel vermischen. Alles gründlich verrühren.
h) Lassen Sie den Reis 15 bis 20 Minuten kochen.
i) Nehmen Sie den Deckel ab, heben Sie die Erbsen unter und rühren Sie den Reis dabei vorsichtig um.
j) Setzen Sie den Deckel wieder auf und lassen Sie den Reis mindestens 10 Minuten ruhen.
k) Entfernen Sie die Abdeckung vom Reis und lockern Sie ihn mit einer Gabel oder Stäbchen auf. Abschmecken und bei Bedarf mit einer Prise Salz abschmecken.
l) Mit einem Zweig frischem Basilikum garnieren.

96. Gebratene Auberginen

ZUTATEN:
FÜR DIE SOSSE
- Sojasauce: 1 ½ Esslöffel
- Vegetarische Austernsauce: 2 Esslöffel
- Brauner Zucker: 1 Teelöffel
- Maisstärke: 1 Teelöffel
- Wasser: 2 Esslöffel

FÜR DIE AUBERGINE
- Öl: 2-3 Esslöffel (zum Braten)
- Zwiebel: ½ (am liebsten lila Zwiebeln)
- Knoblauchzehen: 6 (gehackt, geteilt)
- Rote Chilis: 1-3
- Chinesisch-japanische Auberginen: 1 große/2 dünnere
- Wasser: ¼ Tasse (zum Braten)
- Sojasauce: 2 Esslöffel
- Frisches Basilikum: ½ Tasse (aufgeteilt)
- Erdnüsse/Cashewnüsse: ¼ Tasse (trocken geröstet, gehackt)

ANWEISUNGEN:

a) Alle Saucenzutaten außer Maisstärke und Wasser in einer Rührschüssel vermischen.
b) In einer separaten Tasse oder Schüssel Maisstärke und Wasser vermischen. Beiseite legen.
c) Schneiden Sie die Aubergine in kleine Stücke.
d) Bei mittlerer bis hoher Hitze 2 bis 3 Esslöffel Öl in einen Wok oder eine große Bratpfanne geben. Dann die Hälfte des Knoblauchs, der Zwiebel, des Chilis und der Aubergine in eine Rührschüssel geben.
e) Fügen Sie 2 Esslöffel Sojasauce hinzu und braten Sie weiter, bis die Aubergine weich und das weiße Fruchtfleisch fast durchscheinend ist.
f) Den restlichen Knoblauch und die Soße dazugeben, bis die Aubergine weich ist.
g) Fügen Sie nun die Maisstärke-Wasser-Mischung hinzu. Ständig umrühren, damit die Soße gleichmäßig eindickt. Nehmen Sie die Pfanne vom Herd.
h) Wenn das Gericht nicht salzig genug ist, fügen Sie Sojasauce oder Zitronen-/Limettensaft hinzu, falls es zu salzig ist.
i) 3/4 des frischen Basilikums dazugeben und kurz vermischen.
j) Auf einer Servierplatte anrichten und nach Belieben mit dem restlichen Basilikum und gehackten Nüssen belegen.

97. Thailändisches gebratenes Gemüse

ZUTATEN:
- Chinesischer Brokkoli: 1 Bund
- Austernsauce: 3 Esslöffel
- Wasser: 2 Esslöffel
- Sojasauce: 1 Teelöffel
- Zucker: 1 Teelöffel
- Öl: 1 Esslöffel
- Knoblauchzehen: 3, gehackt

ANWEISUNGEN:
a) Spülen Sie den Brokkoli gründlich ab und schütteln Sie überschüssiges Wasser ab.
b) Legen Sie die Stiele beiseite, sie sollten in 2,5 cm große Stücke geschnitten werden.
c) Schneiden Sie die Blätter in kleine Stücke.
d) Austernsauce, Sojasauce, Wasser und Zucker in einer kleinen Tasse vermischen.
e) Erhitzen Sie auf hoher Flamme einen Wok oder eine große Pfanne. Schwenken Sie das Öl herum.
f) Den Knoblauch einige Sekunden lang einrühren.
g) Die Stiele und Blätter dazugeben und mit der Soße vermischen.
h) Rühren und schwenken Sie das Gemüse häufig, bis die Blätter welk und die Stiele zart sind.

98. Gebratener thailändischer Spinat mit Knoblauch und Erdnüssen

ZUTATEN:
- Frischer Spinat: 1 großer Bund
- Knoblauchzehen: 4 (fein gehackt)
- Rote Chili: 1
- Gemüsebrühe: ¼ Tasse
- Vegetarische Austernsauce/Pfannensauce: 2 Esslöffel
- Sojasauce: 1 ½ Esslöffel
- Sherry: 1 Esslöffel
- Brauner Zucker: 1 Teelöffel
- Sesamöl: 1 Teelöffel
- Rote Paprika: ½ (optional, in dünne Scheiben geschnitten)
- Erdnüsse oder Cashewnüsse: ¼ Tasse (grob gehackt, zum Garnieren)
- Pflanzenöl: 2 Esslöffel

ANWEISUNGEN:
a) Brühe, Sherry, Austernsauce, braunen Zucker und Sojasauce in einer Tasse vermischen. Beiseite legen.
b) Den Spinat nach dem Spülen abtropfen lassen.
c) Erhitzen Sie bei mittlerer bis hoher Hitze einen Wok oder eine große Bratpfanne.
d) 1 bis 2 Esslöffel Pflanzenöl einrühren, dann Knoblauch und Chili (falls verwendet) hinzufügen.
e) Fügen Sie die roten Paprikaflocken hinzu (falls verwendet).
f) Den Spinat einige Sekunden unterrühren.
g) Die Pfannensauce unterrühren, bis der Spinat eine dunkelgrüne Farbe angenommen hat.
h) Vom Herd nehmen und abschmecken, um die Aromen anzupassen.
i) Das Sesamöl darüber träufeln und die gehackten Nüsse darüber streuen.

99. Thailändische Sojabohnen in Kohlbechern

ZUTATEN:

- Sojabohne: 1 Tasse
- Zwiebeln: ¾ Tasse, gehackt
- Knoblauch: 2 Teelöffel, gehackt
- Grüne Chilis: 2 Teelöffel (gehackt)
- Tomatensauce: 2 Esslöffel
- Koriander: 3 Esslöffel (gehackt)
- Sojasauce: 2 ½ Esslöffel
- Thailändische rote Currypaste: 1 Esslöffel
- Sojasprossen: ½ Tasse
- Erdnüsse: optional
- Zitrone: ¾ Saft
- Frühlingszwiebeln: nach Belieben
- Koriander: gehackt
- Chiliflocken: nach Belieben

ANWEISUNGEN:

a) Die Sojabohne mindestens ½ Stunde in Wasser einweichen und 3-4 Mal waschen.
b) Drücken Sie sie nun aus, um das gesamte Wasser zu entfernen.
c) 1 Esslöffel Öl im Wok erhitzen.
d) Die gehackte Zwiebel in einer Pfanne anbraten.
e) Gehackten Knoblauch und grüne Chilis dazugeben,
f) Fügen Sie die Sojabohne hinzu. Kochen, bis das Wasser verdampft ist.
g) Tomatensauce, rote Thai-Currypaste und Sojasauce hinzufügen.
h) Fügen Sie eine Prise schwarzen Pfeffer hinzu und kochen Sie weiter. Nun die Frühlingszwiebeln hinzufügen und kochen, bis sie knusprig sind.
i) Geben Sie Frühlingszwiebeln, Koriander, Chiliflocken und eine Handvoll geröstete Erdnüsse hinzu.
j) Zitronensaft auspressen und mit Salz abschmecken.
k) Mit kleinen Kohlbechern als Beilage servieren.

100. Thailändische gebackene Süßkartoffeln und Ube

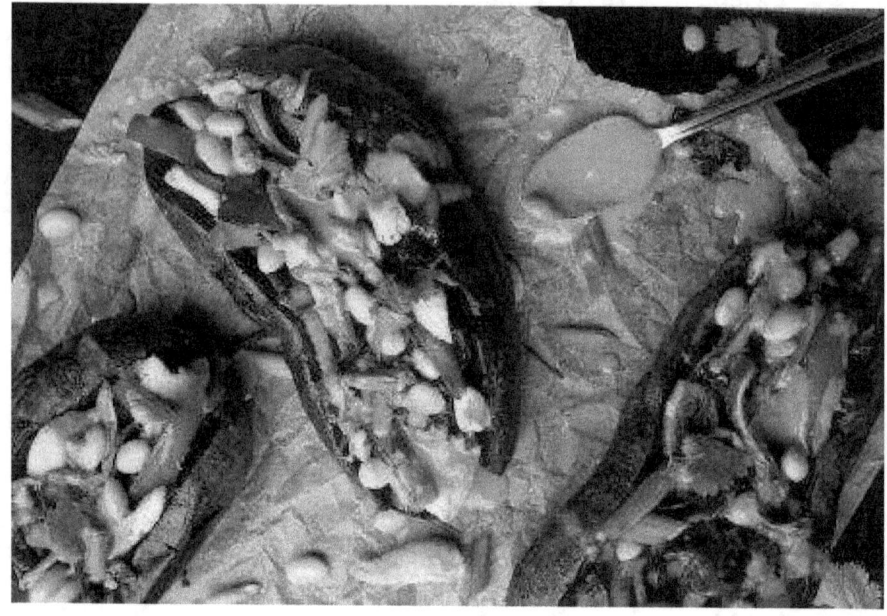

ZUTATEN:
- Süßkartoffeln: 2 (geschält und gewürfelt)
- Yamswurzeln: 3-4 (lila, geschält und gewürfelt)
- Große Karotte: 1 (gehackt/in Scheiben geschnitten)
- Kokosöl/Pflanzenöl: 3 Esslöffel
- Cayennepfeffer: ½ Teelöffel
- Kreuzkümmel: ¼ Teelöffel
- Kreuzkümmelsamen: 1 Teelöffel (ganz)
- Sirup: 2 Esslöffel (brauner Reis/Ahornsirup)
- Salz: nach Geschmack
- Schwarzer Pfeffer: nach Geschmack
- Koriander: 1 Handvoll (frisch gehackt)
- Rote Chili: 1 gehackt (optional, zum Garnieren)

ANWEISUNGEN:
a) Heizen Sie den Ofen auf 350 Grad Fahrenheit vor.
b) In einer flachen Auflaufform das gehackte Gemüse vermengen.
c) Streuen Sie Kreuzkümmelsamen, Cayennepfeffer und gemahlenen Kreuzkümmel über das Öl.
d) Zum Mischen alles gründlich vermischen.
e) Stellen Sie die Form für 45 Minuten in den Ofen, nachdem Sie 3 Esslöffel Wasser hinzugefügt haben.
f) Nehmen Sie das Gemüse aus dem Ofen, wenn es zart ist. Fügen Sie die Butter (falls verwendet) hinzu, träufeln Sie den Sirup darüber und lassen Sie ihn in der Auflaufform.
g) Mit Salz und Pfeffer würzen und vermengen.
h) Probieren Sie es und fügen Sie bei Bedarf mehr Salz hinzu.
i) Mit Koriander und Chili (falls verwendet) garnieren.

ABSCHLUSS

Zum Abschluss unserer herzerwärmenden Reise durch „DER UNVERZICHTBARE LEITFADEN FÜR ASIATISCHES KOMFORTESSEN" hoffen wir, dass Sie die herzerwärmenden Aromen und den kulturellen Reichtum der asiatischen Hausmannskost erlebt haben. Jedes Rezept auf diesen Seiten ist eine Hommage an die wohltuenden Geschmäcker, Techniken und Einflüsse, die asiatische Hausmannskost zu einer Quelle der Freude und Nostalgie machen – ein Beweis für die herzerwärmenden Köstlichkeiten, die der Seele Trost spenden.

Egal, ob Sie die Reichhaltigkeit von Nudelsuppen genossen, die Einfachheit von Reisgerichten genossen oder sich die Süße asiatisch inspirierter Desserts gegönnt haben, wir sind davon überzeugt, dass diese Rezepte Ihre Wertschätzung für die vielfältigen und zutiefst befriedigenden Aromen der asiatischen Hausmannskost geweckt haben. Möge „DER UNVERZICHTBARE LEITFADEN FÜR ASIATISCHES KOMFORTESSEN" über die Zutaten und Techniken hinaus zu einer Quelle der Inspiration, einer Verbindung zu kulturellen Traditionen und einer Feier der Freude werden, die mit jedem wohltuenden Bissen einhergeht.

Möge dieser Leitfaden Ihr vertrauenswürdiger Begleiter sein, während Sie weiterhin die Welt der asiatischen Wohlfühlküche erkunden und Sie durch eine Vielzahl von Rezepten führen, die die Wärme, den Reichtum und die seelenbefriedigende Natur dieser beliebten Gerichte hervorheben. Hier geht es darum, den Komfort asiatischer Aromen zu genießen, herzerwärmende Mahlzeiten zuzubereiten und die Freude zu genießen, die mit jedem Bissen einhergeht. Viel Spaß beim Kochen!

www.ingramcontent.com/pod-product-compliance
Lightning Source LLC
Chambersburg PA
CBHW071324110526
44591CB00010B/1021